ALAN WATTS

VOM GEIST DES ZEN

ALAN WATTS

VOM GEIST DES ZEN

SPHINX VERLAG BASEL

Aus dem Amerikanischen
von Julius Schwabe

CIP-Kurztitelaufnahme der Deutschen Bibliothek

Watts, Alan:
Vom Geist des Zen / Alan Watts.
[Aus d. Amerikan. von Julius Schwabe].
Basel: Sphinx-Verlag, 1984 –
Einheitssacht.: The sirit of Zen ⟨dt.⟩
ISBN 3-85914-153-8

1985
2. Auflage
© 1984 Sphinx Verlag Basel
Alle deutschen Rechte vorbehalten
© 1954 Alan Watts
Umschlaggestaltung: Thomas Bertschi
Druck und Bindung: Clausen & Bosse, Leck
Printed in Germany
ISBN 3-85914-153-8

CHRISTMAS HUMPHREYS
ZUGEEIGNET

INHALT

Einleitung	9
I. Die Anfänge des Zen	15
II. Das Geheimnis des Zen	46
III. Die Technik des Zen	69
IV. Leben in einer Zengemeinde	89
V. Zen und die fernöstliche Kultur	107
Schlußbetrachtung	135
Anhang I: Literatur-Verzeichnis	137
Anhang II: Verzeichnis und Erklärung einiger Sanskrit- und anderer Begriffe	139

VORWORT

Ich hätte dieses Buch niemals schreiben können ohne das Werk des Professor Daisetz Teitaro Suzuki von der Buddhistischen Otani-Hochschule in Kyoto. Er ist es, dem wir im Westen schier unser gesamtes Wissen von Zen schulden, und ich bin ihm tief dankbar für die Erlaubnis, aus seiner Übertragung der Schriften und Aussprüche von Zenmeistern, die in den folgenden Blättern erscheinen, zitieren zu dürfen. Mein Buch wird für manche Leser ihre erste Einführung in das Zen bedeuten, und ich empfehle solchen zum anschließenden Studium nachdrücklich die drei Bände von Suzukis «Essays in Zen Buddhism», woselbst sie eine erschöpfende Darstellung des Gegenstandes finden werden.

EINLEITUNG

Vor kurzer Zeit noch war der Zen-Buddhismus dem Westen nahezu ganz unbekannt, außer ein paar wenigen Orientalisten, deren Interesse an dem Gegenstand in erster Linie akademisch war. Unmittelbar vor dem zweiten Weltkrieg gab es im ganzen Gebiet der europäischen Sprachen nur ein einziges Werk über Zen – Kaiten Nukariyas «Religion der Samurai» – und ein paar zerstreute Hinweise in Büchern über Buddhismus im allgemeinen. Erst als D. T. Suzuki von Kyoto 1927 den ersten Band seiner «Essays in Zen Buddhism» veröffentlichte, lag ein Werk vor, welches das Interesse des Abendlands nachhaltig zu erregen und gleichzeitig etwas von dem wirklichen Geiste des Zen zu übermitteln vermochte. In der Folge gab Suzuki zwei weitere Bände «Essays» heraus[1], und es ist weitgehend seinem Werk zu verdanken, daß wir von dem Gegenstand überhaupt etwas wissen. Das Ergebnis seiner mühevollen Arbeit war ein rasch zunehmendes Interesse an Zen, das nicht bloß auf die Fachgelehrten der orientalischen Philosophie beschränkt blieb. Zen ist so auffallend verschieden von jeder andern Form des Buddhismus, ja man möchte sagen von jeder andern Religionsform, daß es bei vielen, die sich im «unpraktischen» Osten sonst nicht nach praktischer Weisheit würden umtun, neugieriges Aufsehen erregt hat.

Nun die Neugier einmal entfacht ist, hält es schwer,

[1] deutsch unter dem Titel «Die große Befreiung», Leipzig 1939 und Konstanz 1947. (3. Auflage).

sie wieder zu beschwichtigen; denn Zen übt einen eigentümlichen Zauber auf ein Denken, das der herkömmlichen Religion und Philosophie müde ist. Von allem Anfang an verzichtet Zen auf jede Form von Theoretisieren, lehrhaftem Unterricht, lebensferner Förmlichkeit. All das behandelt es als bloße Sinnbilder der Weisheit, und Zen gründet sich auf Praxis und auf intimes, persönliches Erleben der Wirklichkeit, der die meisten Formen der Religion und Philosophie nicht näher kommen als eine verstandes- oder gefühlsmäßige *Beschreibung*. Das soll nicht heißen, Zen sei der einzige wahre Pfad zur Erleuchtung. Man hat gesagt, der Unterschied zwischen Zen und anderen Religionsformen liege darin, daß «alle andern Wege sich langsam den Berghang hinaufwinden, Zen jedoch, gleich einer Römerstraße, alle Hindernisse beiseite werfend, in schnurgeradem Lauf das Ziel ansteuert». Zuletzt sind Glaubensbekenntnisse, Dogmen und philosophische Systeme eben bloß Ideen *über* die Wahrheit, in derselben Weise wie Worte nicht Tatsachen sind, sondern bloß *davon* handeln; wogegen Zen ein kraftvoller Versuch ist, unmittelbaren Kontakt mit der Wahrheit selber zu schließen, ohne zwischen den Erkennenden und das Erkannte Theorien und Sinnbilder treten zu lassen. In gewissem Sinne ist Zen: das Leben fühlen, statt *etwas auf das Leben Bezügliches* fühlen. Wissen aus zweiter Hand, Schilderung eines geistigen Erlebens durch einen andern oder bloße Begriffe und Glaubensinhalte sind Dinge, die es nicht leiden kann. Mag Wissen aus zweiter Hand wertvoll sein als Wegweiser, es wird allzu leicht für den Weg selber oder gar für das Ziel genommen. So voller Trug und Tücke sind die Wege, auf denen Beschreibung der Wahrheit sich als Wahrheit selber ausgeben möchte, daß Zen nicht selten zu einer Art Bilderstürmerei wird, einem Niederreißen bloßer Gedankenbilder von der lebendigen Wirklichkeit, die eben nur durch persönliche Erfahrung erkennbar ist.

Ganz ohnegleichen jedoch ist Zen in seinen Unterrichtsmethoden. Es gibt da keine theoretische Belehrung, kein Studium von Schriften, kein regelrechtes Programm geistiger Ausbildung. Außer ein paar Sammlungen von Predigten der älteren Zenmeister, den einzigen Versuchen einer *rationalen* Darstellung ihrer Lehren, sind die uns erhaltenen Urkunden über Zenunterricht schier insgesamt Dialoge (mondo) zwischen den Meistern und ihren Schülern, Gespräche, die sich um die üblichen Regeln von Logik und gesundem Verstand so wenig zu kümmern scheinen, daß sie uns auf den ersten Blick wie reiner Blödsinn vorkommen. Es gibt eine Reihe von Kommentaren zu diesen Dialogen und eine umfangreiche Sammlung von Kurzgedichten, wie man sie auf chinesischen und japanischen Bildern findet; allein, dem verstandesmäßigen Erfassen bieten sie kaum mehr als die Dialoge selber. So verwirrend sind diese Urkunden, daß Wieger die Zenliteratur kurzerhand als «Zahlreiche Infolios, gefüllt mit Antworten ohne Sinn und Zusammenhang» bezeichnen konnte. «Es sind nicht, wie man vermutet hat, Anspielungen auf interne Angelegenheiten, die man kennen müßte, um sie verstehen zu können. Es sind Ausrufe, wie sie Verblödeten entfahren, die man für Augenblicke aus ihrer Schlafsucht riß.»

Doch wird man hier durch Äußerlichkeiten leicht irre geführt. Und gerade wie die höchsten und die tiefsten Töne gleichermaßen unhörbar sind, so mag der größte Tiefsinn und der größte Unsinn gleich unverständlich erscheinen. Zen versucht freilich gar nicht, verständlich, d. h. dem Verstande faßlich zu sein. Seine Methode besteht darin, den Verstand zu verwirren, zu reizen, zu verblüffen und zu erschöpfen, bis man sich klar wird, daß verstandesmäßiges Erfassen bloß ein Denken *darüber* ist. Sie will auch die Gefühle herausfordern, aufbringen und abermals erschöpfen, bis man sich klar macht, daß die Gefühlsregungen bloß ein Fühlen *von* etwas sind. Und dann ermöglicht sie, wenn der Schüler in eine Sackgasse des Denkens und Fühlens geraten ist, die Kluft zwischen begrifflichem, bloß mittelbarem Kontakt mit der Wirklichkeit und Erfahrung aus erster Hand zu überbrücken. Solches zu bewerkstelligen, ruft sie ein höheres – als Intuition oder *Buddhi* bekanntes – Denkvermögen auf den Plan, das bisweilen auch «Auge des Geistes» genannt wird. Kurzum, Zen verfolgt das Ziel, die Wirklichkeit selber ins Auge zu fassen statt unsere Denk- und Gefühlsreaktionen auf diese Wirklichkeit – wobei Wirklichkeit jenes immer wechselnde, immer wachsende unsagbare Etwas, genannt «Leben», ist, das keinen Augenblick stillsteht, um sich von uns auf befriedigende Art in irgend ein starres System von Fächern und begrifflichen Schubladen einschachteln zu lassen.

Daher hat denn, wer immer über Zen zu schreiben versucht, ungewöhnlichen Schwierigkeiten zu begegnen. Er kann niemals Erklärungen, er kann nur Hinweise geben. Er kann nur Probleme stellen und Andeutungen machen, die den Leser bestenfalls in hinhaltender Weise der Wahrheit näher bringen. Sobald er aber eine bestimmte Definition versucht, entschlüpft ihm das Ding, und die Definition entpuppt sich als ein philosophischer Begriff und nichts weiter. Zen läßt sich nicht in irgendwelche -ismen und -ologien einpassen. Es ist lebendig und kann nicht wie ein Leichnam seziert und zergliedert werden. Darum, wenn wir Zweifel hegen am gesunden Sinn der Worte mancher Zenmeister, so wollen wir zuerst einmal die Zweifel zu ihren Gunsten auslegen; wir wollen annehmen, daß in ihrer völligen Mißachtung der Logik Weisheit liege. Beispielsweise sagt Meister Wu Tsu: «Laßt mich zur Erläuterung eine Fabel heranziehen. Eine Kuh geht durch ein Fenster. Ihr Kopf, ihre Hörner und die vier Beine passieren es ohne Schwierigkeit; nur der Schwanz kann nicht durchkommen. Warum kann er nicht?» Oder dies andre: Ein Mönch kam zu Meister Chao-chou und fragte: «Ich bin soeben in dies Kloster gekommen. Bitte, möchtet Ihr mir wohl einige Belehrung erteilen?» Drauf der Meister: «Hast du schon gefrühstückt oder noch nicht?» – «Jawohl, Meister, ich habe.» – «Dann säubre deine Eßschalen.» Es heißt, der Mönch wurde zufolge dieses Gesprächs erleuchtet.

Mag dies Aberwitz sein oder nicht, Tatsache bleibt, daß Zen die gesamte Kultur des fernen Ostens tief beeinflußt hat. Und dadurch, daß wir es in Gedanken und Tat umsetzen, müssen wir den Wert seines Geistes prüfen, wie unbegreiflich er uns immer vorkommen mag. Im Westen muß man sich oft verwundert gefragt haben, wie die großen künstlerischen Leistungen des fernen Ostens zu jener unsagbaren Feinheit kamen, die ihnen einen Ehrenplatz unter den Schöpfungen des menschlichen Geistes verschafft hat. Die Antwort lautet, sie kommt ihnen von Zen – einer Lebensschule, deren vitale Bedeutung für die Kulturgeschichte Chinas und Japans wir bis in die jüngsten Jahre sehr unterschätzt haben; denn erst in allerneuester Zeit wurde uns ein Schlüssel in die Hand gegeben zum Verständnis dessen, was Zen selber ist.

I
DIE ANFÄNGE DES ZEN

Gleich wie es unmöglich ist, einem von Geburt her Blinden die Pracht eines Sonnenuntergangs zu schildern, so haben Weise keine Möglichkeit, Worte zu finden, die ihre Weisheit Menschen von geringerer Einsicht zum Ausdruck bringen könnten. Denn die Weisheit der Weisen liegt nicht in ihren Lehren; sonst möchte jeder Beliebige ein Weiser werden; bloß dadurch daß er die *Bhagavad-Gita*, die platonischen *Dialoge* oder die buddhistischen Schriften liest. In Wirklichkeit kann man diese Bücher ein Leben lang studieren ohne dabei an Weisheit im mindesten zu gewinnen. Denn Erleuchtung in Worten und Ideen suchen ist gerade so (mit Trigant Burrow zu reden), wie wenn man erwartet, der Anblick der Speisekarte werde genügen, das Nahrungsbedürfnis eines Hungrigen zu stillen. Nichts ist jedoch leichter, als die Weisheit eines Weisen mit seiner Lehre zu verwechseln; denn wo jede eigne Einsicht in die Wahrheit fehlt, wird das, was ein andrer Mensch über seine Einsichten sagt, gar leicht für die Wahrheit selber genommen. Und doch ist es damit ebenso wenig eins wie ein Wegweiser mit dem Ort, auf den er hindeutet. Gautama *Buddha* (der Erleuchtete) vermied sorgsam jede Aussage über die Erleuchtung, die er eines Nachts – unter einem gewaltigen Feigenbaum zu Gaya sitzend – gefunden; und es heißt, als man ihn über die letzten Geheimnisse des Universums befragte, habe er ein edles Schweigen bewahrt. Er wurde nie müde zu betonen, daß seine Lehre (Dharma) nur den Weg zur Erleuchtung betreffe, niemals nannte er sie eine *Offenbarung* derselben. Daher die buddhistischen Verse:

> Wenn sie dich voll Neugier fragen und wissen möchten, was ES ist,
> Sollst du nichts bejahen und nichts verneinen.
> Denn was immer bejaht wird, ist nicht wahr.
> Und was immer verneint wird, ist nicht wahr.
> Wie soll einer wahrheitsgetreu sagen, was DAS ist,
> Solang er selber das Seiende nicht völlig erreicht hat?
> Und nachdem ers gefunden, welch ein Wort soll er senden aus Höhen,
> Wo der Rede Fahrzeug nicht Gleise findet, drauf zu rollen?
> Drum denn halte den Fragern Schweigen entgegen –
> Schweigen – und einen Finger, weisend den Weg.

Und dennoch haben die Anhänger Buddhas die Erleuchtung in jenem Finger gesucht statt in das Schweigen einzugehn, auf das er hindeutet. Sie haben dem Andenken seiner Sprüche gehuldigt und sich darauf gestützt, als ob seine Weisheit darin beschlossen läge. Doch damit haben sie jenes Gedenken nicht bloß zum Schreine gemacht, sondern vollends zum Sarge, worin seiner Weisheit tot Gerippe begraben liegt. Erleuchtung aber ist lebendig und läßt sich nicht in irgendeinem Wortlaut festlegen. Deswegen zielt die buddhistische Zenschule darauf hin, über Worte und Vorstellungen hinauszukommen, damit Buddhas ursprüngliche Erkenntnis wiederum aufleben möge. Sie betrachten diese Erkenntnis als das Eine, was nottut. Schriften sind weiter nichts als Kunstgriffe, zeitweilige Notbehelfe, um aufzuzeigen, wo sie gefunden werden mag. Sie begeht niemals den Fehler, Lehren mit Weisheit zu verwechseln; denn Zen ist seinem

Wesen nach jenes Etwas, das den Buddha von einem gewöhnlichen Menschen unterscheidet, es ist Erleuchtung, und damit von bloßer Lehre verschieden.

Wie so manche Schlüsselbegriffe der Philosophie des Ostens hat das Wort *Zen* in unsrer Sprache keine genaue Entsprechung. Es ist ein japanisches Wort, das sich vom chinesischen *Ch'an* oder *Ch'an-na* herleitet. Dies wiederum ist eine Entstellung aus Sanskrit *Dhyana*, was üblicherweise mit «Meditation» oder «Versenkung» übersetzt wird: eine irreführende Übersetzung; denn für uns bedeutet Meditation kaum mehr als tiefes Denken und Nachdenken, wogegen in der Yogalehre Dhyana ein hoher Bewußtseinszustand ist, worin man Einung mit der letzten Wirklichkeit des Universums findet. Dasselbe gilt von *Ch'an* und Zen, nur daß die chinesische Mentalität es vorzog, diese Einung weniger durch einsames Meditieren im Dschungel als in der Arbeit des Alltags zu finden. Es gibt nichts «Jenseitiges» in Zen; denn dieses ist eine fortwährende seelische Haltung, ebenso anwendbar beim Waschen der Kleider wie bei der Verrichtung religiöser Pflichten. Und wenn der Yogi sich von der Welt zurückzieht, sein *Dhyana* zu erreichen, begegnet man dem Zen in Mönchsgemeinden, wo Meister und Schüler die gesamte Arbeit zum Unterhalt des Klosters miteinander teilen: Reisanbau, Gartenpflege, Kochen, Holzspalten und Reinhalten der Klosterräume. Soll also «Zen» überhaupt verdeutscht werden, so entspricht ihm am nächsten «Erleuchtung». Aber gleichwohl ist Zen nicht nur Erleuchtung, es ist auch der Weg, auf dem man sie erreicht.

Es gibt eine Überlieferung, wonach Zen in jener Nacht seinen Anfang nahm, als Buddha im 5. Jahrhundert v. Chr. zu Gaya seine tiefste Einsicht in die Mysterien des Lebens gewann. Diese Einsicht wurde durch eine Reihe von 28 Patriarchen weitergegeben, bis sie an einen gewissen Bodhidharma kam, welcher im 6. Jahrhundert n. Chr. Zen nach China brachte. Die Urkunden sagen, jene Erkenntnis sei von einem auf den andern übergegangen, ohne jede Vermittlung durch Schriften oder lehrhaften Unterricht. Es war eine «unmittelbare Übertragung», eine Mitteilung, die insgeheim von Geist zu Geist ging, verständlich nur für den, der weit genug entwickelt war, seines Meisters Erleuchtung zu fassen. Während diese «Geheimbotschaft» weitergetragen wurde, fanden sich die Nachfolger Buddhas zu vielen unterschiedlichen Sekten zusammen, die allesamt unter zwei Hauptrichtungen fallen: Mahayana (größeres Fahrzeug des Gesetzes) und Hinayana (kleineres Fahrzeug). Letzteres war ein Ausdruck der Verachtung, erfunden von den Anhängern des Größeren Fahrzeugs. Der Unterschied zwischen den beiden war weitgehend das Resultat eines Streites über die Glaubwürdigkeit gewisser Textreihen. Keine von Buddhas Reden wurde aufgeschrieben bis mindestens 150 Jahre nach seinem Tod. Vor jenem Zeitpunkt wurden sie aus dem Gedächtnis wiederholt und erhielten dadurch eine tabellarische und mechanische, für uns Abendländer besonders reizlose Form. Hieraus ergab sich unvermeidlich, daß sie mit Einschiebungen von Mönchshand durchsetzt wurden[1]. Und wenn auch

[1] Vgl. Rhys Davids: Outline of Buddhism.

allgemein angenommen wird, die Pali-Version sei ursprünglicher als die Sanskrittexte des Mahayana, so besteht dennoch wenig Zweifel, daß auch diese sich weit von den wirklichen Buddhaworten entfernt haben. Das Hinayana oder Theravada (Weg der Älteren) umfaßt jene Gläubigen, die einzig die Pali-Version anerkennen. Letztere, bekannt als Tipitaka (die drei Körbe), besteht aus drei Gruppen vorwiegend ethischer Lehren. So fest überzeugt sind sie, daß diese Fassung das letzte Wort von Buddhas Weisheit enthalte, daß sie allen Gedanken oder Vorschriften, die sich darin nicht finden, die Anerkennung versagen. Und da nun seine Lehre in der Hauptsache ethischen Charakter hat, ist das Hinayana eine Schule formellen und starren, schier materialistischen Denkens geworden. Seit den Tagen seines Ursprungs bis auf unsere Zeit hat seine Philosophie sich weder gewandelt noch in irgendeiner bedeutsamen Hinsicht entwickelt. Dagegen bestehen die Sanskrittexte des Mahayana hauptsächlich aus metaphysischen Abhandlungen, welche fortwährend bearbeitet und stets wieder frischen Deutungen unterworfen wurden. Geographisch ist das Hinayana auf Südasien – Ceylon, Burma und Siam – beschränkt, wogegen das Mahayana nordwärts nach China, Tibet, der Mongolei, Korea und Japan gelangte. Während das Hinayana von Land zu Land keine wichtigen Unterschiede zeigt, umschließt das Mahayana eine Anzahl verschiedener Sekten, vom hochritualistischen Lamaismus Tibets bis zur frischen Unbefangenheit des japanischen Zen.

Hinayana- wie Mahayana-Buddhismus haben beide

ihre gemeinsame Wurzel in den elementaren Grundsätzen von Buddhas Lehre. Auf die kürzeste Formel gebracht, besagt diese Lehre, daß der Mensch leidet, weil er Dinge, die ihrem Wesen nach vergänglich sind, besitzen und für immer festhalten möchte. Das erste und wichtigste von diesen Dingen ist seine eigene Person. Denn mittels ihrer sondert er sich vom übrigen Leben ab; sie ist die Festung, worein er sich zurückziehen, von wo er sich gegen äußere Gewalten behaupten kann. Er ist des Glaubens, diese befestigte und isolierte Stellung sei das beste Mittel, Glück zu erlangen. Sie ermöglicht ihm, gegen Veränderungen zu kämpfen; sie fördert sein Bemühen, Angenehmes für sich zu behalten, Leiden auszuschließen und die Umstände nach seinem Willen zu formen. Genug, sie ist sein Mittel, dem Leben Widerstand zu leisten. Buddha lehrte, alle Dinge, mit Einschluß dieser Festung, seien wesentlich von Unbestand und entgleiten dem Menschen, sobald er sie zu besitzen versucht. Dies Vereiteln seines Wunsches nach Besitz ist die unmittelbare Ursache seines Leidens. Aber Buddha ging noch weiter; denn er zeigte, die tiefste Ursache sei der Wahn, der Mensch könne sich vom Leben absondern. Eine Schein-Isolierung kommt dadurch zustande, daß er sich dieser Festung, seiner Person, gleichsetzt; weil aber die Festung nicht von Dauer ist, hat sie keine bleibende Wirklichkeit, ist sie ohne jede «Selbstnatur» (*atta*) und ebensowenig das Selbst wie irgendein andrer veränderlicher Gegenstand. Was ist dann aber das Selbst? Buddha blieb stumm, wenn man diese Frage an ihn tat. Er lehrte jedoch, der Mensch werde es erst erkennen, wenn er aufhöre, sich seiner Person gleichzusetzen, aufhöre, aus seinem Bollwerk heraus Widerstand zu leisten und wenn er seiner Feindschaft und seinen Raubzügen gegen das Leben vollends ein Ende setze. Im Gegensatz zu dieser Philosophie der Absonderung verkündete Buddha die Einheit aller Lebewesen und verpflichtete seine Anhänger, statt solcher Feindschaft göttliches Mitleid (*karuna*) zu üben. Die Befolgung dieser Lehre bringt den Schüler in den Zustand von Nirvana, ans Ende des Leidens und zum Erlöschen der Selbstsucht, in den Stand ewiger Wonne, welche zu schildern Worte nicht fähig sind. Als Zusatz zu dieser Lebensphilosophie verleibte Buddha seiner Lehre die alten Karma-Prinzipien (Gesetz von Ursache und Wirkung) ein und die daraus folgende Wiedergeburt oder Reinkarnation[1]. Jene Prinzipien bedeuten, daß der Tod kein Entweichen aus dem Leiden ist; denn jedes Menschen Leben ist das Ergebnis seines früheren Lebens. Tod ist bloß eine zeitweilige Rast, und der Mensch muß durch zahllose Verkörperungen hindurch sein Heil erarbeiten, bis er endlich Erleuchtung findet.

So weit stimmen Mahayana und Hinayana überein. Sie widersprechen sich bezüglich Buddhas Schweigen auf die Frage nach dem Selbst. *Was* findet der Mensch, wenn er sich aus den Schranken seiner Person heraus dem Leben nicht länger widersetzt? Weil Buddha die Existenz jeder «Selbstnatur» in der Person leugnete, glaubt Hinayana daraus folgern zu müssen, daß es ein Selbst überhaupt nicht gebe. Mahayana dagegen vertritt die Ansicht, ein wahres Selbst werde gefunden, wenn auf das schein-

[1] Vgl. Anhang II.

bare Verzicht geleistet wird. Sobald sich der Mensch weder seiner Person gleichsetzt noch sie als Mittel gebraucht, sich dem Leben zu widersetzen, findet er, daß das Selbst mehr ist als sein eigenes Ichwesen; es schließt das ganze Universum ein. Hinayana, das sich vorstellt, daß kein Einzelding als solches das Selbst ist, begnügt sich mit dieser Vorstellung. Daher verneint es das Leben und faßt Erleuchtung nur negativ, als das Aufgehn der Erkenntnis, daß alle einzelnen Wesenheiten *anatta* = ohne Selbst und *anicca* = ohne Dauer sind. Mahayana jedoch ergänzt diese Verneinung durch eine Bejahung: Während es das Dasein eines Selbst in jedem Einzelding leugnet, findet es ein solches in der Totalität der Dinge. Erleuchtung ist daher, das Selbst in der Festung zwar zu leugnen, sich darüber klar sein, das Selbst sei nicht diese Person, genannt «Ich», als unterschieden von jener Person, genannt «Du», sondern es sei beides, Ich und Du, mit Einschluß alles übrigen. Mahayana also bejaht das Leben, indem es erklärt, alle Dinge sind das Selbst, statt es zu verneinen durch die bloße Erklärung, daß in jedem Ding, einzeln genommen, sich kein Selbst befindet. Doch grundsätzlich gibt es keinen Widerspruch über diesen Punkt zwischen Mahayana und Hinayana. Der Unterschied liegt darin, daß jenes weiter geht als dieses.

Allein, dieser Unterschied in der Theorie gab Anlaß zu einem bedeutsamen Unterschied in der Praxis. Der Hinayanist betrachtet, auf Grund seines negativen Ideals, als höchste Form des Menschen jenen, der einfach in sein Nirvana, seine Erlösung eingeht durch Realisierung von *anatta* und *anicca* und es dabei bewenden läßt. Ein solcher gilt als ein Arhat, als verschieden von einem Bodhisattva, dem idealen Menschen der Mahayana-Lehre. In ihm hat man einen, der mit dem bloßen Eingehn in Nirvana nicht zufrieden ist. Der Bodhisattva fühlt, daß er ewige Seligkeit nicht genießen kann, solange andre Wesen noch leiden. Weiß er doch, daß zwischen solchen und ihm selber kein wesentlicher Unterschied besteht und daß sein Nirvana nicht vollkommen sein kann, wenn sie nicht daran teilhaben. Weil er das All-Leben als das Selbst bejaht, sieht er in allen Wesen sein anderes Ich, und für ihn ist Nirvana nichtig und eine Stätte der Eigensucht, solang es ein einziges noch unerleuchtetes Geschöpf gibt. Deshalb erreicht er, nach unzähligen Leben schmerzvollen Ringens gegen Selbstverblendung, das Anrecht auf ewige Seligkeit einzig, um arbeiten zu können für die Erleuchtung jedes lebendigen Dings. Das Ideal des Bodhisattva begreift vollste Hinnahme des Lebens ein; denn der Bodhisattva kann nichts ausschließen und nichts geringschätzen, da er sich ja mit jedem Ding identisch fühlt. «Wenn ich das Ich aufgebe, wird das Universum zum Ich.» Deswegen beschreibt Keyserling den Bodhisattva als «er, der ja sagt zu der schlechtesten der Welten; denn er weiß sich selber eins mit ihr. Ledig seines Ichs, fühlt er seinen Grund in Gott, sein Äußeres jedoch mit allem Seienden verschlungen. So muß er alle Wesen lieben wie er sich selber liebt, so kann er nicht ruhen, bis ein jegliches die göttliche Natur in allen Dingen widerspiegelt».[1]

[1] Mangels einer Stellenangabe können wir das Zitat nicht im Urtext, sondern nur in der Rückübersetzung aus dem Englischen bringen (Anmerkung des Übersetzers).

In der Mahayana-Philosophie war diese göttliche Natur, das Selbst, als die Buddhanatur bekannt, die sich in allen Dingen offenbart. Im Sanskrit heißt sie *Tathata* oder «Soheit», ein Ausdruck, der eng verwandt ist mit dem chinesischen Tao oder dem «Weg der Dinge». Dieses Prinzip wird als die Buddhanatur beschrieben, weil «ein Buddha sein» besagen will, daß man seine Identität mit *Tathata* verwirklicht habe, mit dem einen wahren Selbst, das nicht eingeschränkt ist durch Unterscheidungen zwischen Ich und Du, Mir und Dir, Diesem und Jenem. Die Mahayana-Lehre suchte eine Erklärung dafür zu finden, daß der Mensch die Buddhanatur nicht kennt, suchte aufzudecken, weshalb, wenn das Selbst doch alles in sich faßt, der Mensch sich einbildet, es existiere nur in seiner eigenen Person. Das Problem war dies: Wenn alles das Eine ist, warum wird das Eine dann zu Vielem? Wenn es nur *ein* Selbst gibt, warum bilden sich die Menschen dann ein, daß es viele Ichs gebe? Mahayana findet die Antwort in dem Wort «einbilden». Während in Wahrheit das Selbst nicht durch Unterscheidungen zwischen einem Wesen und einem andern bedingt ist, bildet sich der Mensch ein, jedes Wesen habe ein besonderes Ich, gleich seinem eigenen, das er mit seiner Person identifiziert. Einbildung ist die schöpferische Seite des Denkens, und deshalb erklärt Mahayana diesen Wahn des Sonderseins, der Getrenntheit, für eine Schöpfung des Denkens, die außerhalb unseres Denkens gar nicht existiert. Folglich entspringt die universale Verbreitung dieser Illusion einem Zustande des Nichtwissens im «universalen Denken» – der Gesamtsumme aller Denkorgane (einigermaßen vergleichbar Jungs «Kollektivem Unbewußten»). Dieses Denken wird als eine Einheit gefaßt, die im Denken jedes Einzelnen unterschiedlichen Ausdruck findet, und durch die Individuen erzeugt es diese Welt scheinbar gesonderter und selbstexistierender Dinge. Es sieht jene Welt als eine in Teile gesonderte, weil es auf sie seinen eigenen Zustand von Nichtwissen und Verwirrung projiziert. So gibt es in jedem von uns dies Denken, das hinaus auf die von ihm selber geschaffenen Umstände schaut. Und je nach der Art, wie dies Denken in jedem Individuum seinen besonderen Ausdruck findet, schafft es sich jeweilen seine Umwelt. Eine der Mahayana-Schriften sagt:

«Die Tätigkeitsformen des Denkens sind unbegrenzt und gestalten die Lebensumstände. Ein unreines Denken umgibt sich mit unreinen Dingen, und ein reines Denken umgibt sich mit reinen Umständen. Umstände sind folglich ebenso unbegrenzt wie die Tätigkeitsformen des Denkens... Daher ist die Lebens- und Todeswelt vom Denken geschaffen, dem Denken verhaftet, durch Denken regiert, und das Denken ist jeglicher Lage Herr und Meister.»

Doch während das Denken rein oder unrein, erleuchtet oder unerleuchtet sein mag, behauptet Mahayana, es gebe «ein wesenhaftes, ausbündiges Denken, welches wirklich rein ist», und dies ist die Buddhanatur. Denn anfänglich war das Denken in einem Stande von Nichtwissen; es erkannte sich selber nicht; es war sich nicht klar darüber, daß seine wahre Natur Buddhanatur ist. Deshalb, um Selbsterkenntnis und Selbstbewußtsein zu erlangen, projizierte es sich in gesonderte Formen und Wesen; es warf einen Schatten, um seine eigene Gestalt zu sehen. Dies ist ein allgemeiner Satz, der für jeden Einzelnen gilt. Sein Denken spiegelt sich in einer äußeren Welt von Formen und Wesenheiten; denn ohne diese kann es kein Bewußtsein geben. Diese Außenwelt verhält sich zum einzelnen Menschen wie sein eigenes Denken, und sein Bild davon entspricht seiner eigenen Gemütslage. Doch das Denken ergründet sich selber nicht, just weil es diese Spiegelung erzeugt; denn es sucht seine wahre Natur zuerst im Spiegelbild, nicht in sich selber. Deswegen sucht der Mensch sein Heil in der Außenwelt. Er bildet sich ein, er könne Glück finden, falls er einige ihrer Formen besitze. Allein, er kann kein Glück darin finden, wenn er's nicht in seinem eigenen Denken finden kann; denn sein Denken erzeugt die Formen in derselben Weise, wie das Eine universale Denken die vielen gesonderten Wesen erzeugt. Daß der Mensch sein Heil in der Außenwelt sucht, ist lediglich eine Manifestierung des universalen Denkens, das sich mittels dieser Projektion selber erkennen möchte. Zuletzt wird klar, daß kein Heil sich in der äußeren Spiegelung finden läßt; denn diese ist eben bloß ein Schatten, der den Stand der inneren Wirklichkeit anzeigt. Der Mensch sieht ein, daß nichts kann gefunden werden in der Außenwelt, was er nicht schon in seinem eignen Denken besäße; denn jene strahlt nur dieses zurück. Und das ist der erste Schritt zur Erleuchtung. Darnach muß er sich einwärts wenden und dort nach seinem wahren Wesen forschen, und wenn er bis ins innerste Herz eindringt, wird er «des Denkens Kern und Wesen», die Buddhanatur, finden. Mit eins nun verwandeln sich die andern Wesen und Dinge; denn wenn die ganze Welt Denken, und wenn des Denkens

Kern und Wesen Buddhanatur ist, so folgt daraus, daß, wenn das Denken seine Buddhanatur realisiert (d. h. verwirklicht), alsdann Buddhanatur in der ganzen Welt gesehen wird. Dies aber ist die Vollendung des Bodhisattva.

Diese Lehre ist vollkommen gradlinig, wenn wir die erste Voraussetzung fassen können, nämlich, daß das Eine sich in einem Zustand von Nichtwissen in die Vielen sondert, um Selbsterkenntnis zu erreichen; und weiterhin, daß die Vielen leiden, weil sie nicht wissen, daß sie ihrem Wesen nach das Eine sind! Eben dies Problem bot Anlaß zu den spitzfindigsten Erklärungsversuchen. Es schien ein Teufelskreis zu sein, woraus es kein Entkommen gab. Wenn das Eine behufs Überwindung seines Nichtwissens zu Vielen wird und wenn die Vielen, zum selben Behuf, wiederum das Eine werden, was ist damit gewonnen? Muß nicht der ganze Vorgang sich von neuem abspielen? Ist der Zustand der Einheit Nirvana, der Zustand der Vielheit Samsara (Kreislauf von Geburt und Tod, die Welt der Form), so scheint es, daß wir zwischen Nirvana und Samsara abwechseln müssen und daß Nirvana zuletzt nicht das summum bonum ist, sondern eben nur ein neuer Aspekt des nämlichen Nichtwissens. Dies war die Sackgasse, worein die Mahayana-Philosophie geraten war, eben um die Zeit, da Zen als besondre Religion erstmals in Erscheinung trat.

Die Zenmeister sahen sehr rasch, daß innerhalb der Verstandesgrenzen das Problem in gar keiner Weise zu lösen wäre. Sie sahen das ganze Mahayana in Verwirrung gebracht durch seinen Versuch, die Lebensprobleme in Worten und Ideen zu Ende zu denken, und erkannten, daß Nirvana, begrifflich gefaßt, nicht besser oder schlechter wäre als Samsara. Sie sahen, wie die Mahayana-Denker versuchten, Leben mit Worten und begrifflichen Bestimmungen zu erklären, und sie wußten sogleich, daß ein solcher Versuch nur in hoffnungsloser Verwirrung enden konnte. Deswegen setzte sich Zen von allem Anfang zum Ziel, sämtliche Verstandesbegriffe, Definitionen und Spekulationen beiseite zu schieben. Dies tat es mit der kompromißlosesten Gründlichkeit. Es verkündete sofort, Nirvana und Samsara sei dasselbe, und nach dem ersten außerhalb des zweiten suchen und es durch die herkömmliche Verrichtung verdienstlicher Taten erlangen wollen, sei völlig absurd. Nirvana ist nun und hier, inmitten des Samsara, und daß es ein Zustand der Einheit, verschieden von einem Zustand der Vielheit sei, kommt überhaupt nicht in Frage. Alles hängt von unsrer inneren Selbstverwirklichung ab. Ein Weiser wird Nirvana sogleich in den gewöhnlichen Dingen des Alltags sehen. Ein Narr wird darüber philosophieren und meinen, es sei etwas anderes, besonderes. Doch

> Eine alte Föhre predigt Weisheit, und
> Ein wilder Vogel schreit die Wahrheit aus.

Und als man Meister Tung-shan fragte: «Was ist der Buddha?», antwortete er: «Drei Pfund Flachs.» Die ganze Technik des Zen bestand darin, die Leute aus ihren Verstandesgleisen und ihrer hergebrachten Moralität aufzurütteln. Die Meister stellten tölpelhafte und unbeantwortbare Fragen. Sie machten sich über Logik und Metaphysik lustig; sie stellten die rechtgläubige Philosophie auf den Kopf, um ihr ein absurdes Aussehen zu geben.

So konnte Meister Hsuan-chien sagen: «Nirvana und Bodhi (Erleuchtung) sind die toten Stümpfe, euren Esel daran festzubinden. Die zwölf Abteilungen der Schriften sind bloße Listen von Totengeistern, Papierwische, eben passend, damit den Schmutz von eurer Haut zu reiben. Und all eure vier Verdienste und zehn Stufen sind reine Gespenster, die in ihren morschen Grüften hinlungern. Können die wohl etwas mit eurem Heil zu tun haben?»

Zen wurde in China zuerst durch Bodhidharma im Jahre 527 eingeführt. Praktisch nichts kennt man von seiner Geschichte in Indien, und es ist wahrscheinlich, daß Bodhidharma selber den Chinesen Zen bloß an die Hand gab und diese es dann zu seiner gegenwärtigen, einzigartigen Form entwickelten. Es wird erzählt, Bodhidharma sei vor den Kaiser Wu gebracht worden, der sehr begierig war, diesen großen Weisen zu sehen und von ihm einigen Beifall für seine eignen frommen Werke zu empfangen. Deswegen fragte er Bodhidharma: «Wir haben Tempel erbaut, heilige Schriften vervielfältigt, die Bekehrung von Mönchen und Nonnen befohlen. Kommt unserem Verhalten, ehrwürdiger Meister, etwelches Verdienst zu?»

«Keinerlei Verdienst.»

Der Kaiser, etwas verblüfft, dachte, daß solch eine Antwort die gesamte Lehre umstürze, und fragte wieder:

«Welches ist denn die heilige Wahrheit, das oberste Prinzip?»

«Jenes Prinzip steckt in allem; es gibt nichts Heiliges.»

«Wer denn seid ihr, der ihr vor mir steht?»

«Ich weiß nicht, Eure Majestät.»

Bodhidharma wird von chinesischen und japanischen Künstlern stets als ein grimmiger alter Mann mit einem ansehnlichen schwarzen Bart und großen durchdringenden Augen dargestellt. Sehr wenig ist über ihn oder über sein Werk bekannt, und anscheinend brachte er China überhaupt keine besondre Botschaft oder Lehre. Sein Einfluß beruhte nicht auf dem, was er tat oder sagte, sondern auf dem, was er *war*, und in keinem der zwei andern Gespräche mit seinen Schülern, die uns überliefert sind, macht er eine Aussage über seine Lehre. Shang-Kwang (Hui-K'e), sein geistlicher Nachfolger, mußte vor dem Tempel, worin Bodhidharma meditierte, eine volle Woche lang stehend ausharren, ehe er zugelassen wurde. Die ganze Zeit über schneite es, allein, Shang-Kwang war so fest entschlossen, Bodhidharmas Geheimnis zu ergründen, daß er der beißenden Kälte widerstand und sogar so weit ging, sich den linken Arm abzuschneiden und ihn dem Meister darzubringen, zum Beweise, daß ihm für das Vorrecht, sein Schüler zu sein, kein Opfer zu teuer wäre. Zuletzt ward er eingelassen, aber Bodhidharma wollte keinerlei Erklärungen geben. Alles, was er tat, war, ihm ein Rätselwort zu stellen, das indes seine Augen irgendwie der Wahrheit öffnete. Shang-Kwang sagte:

«Mein Denken ist ruhelos. Darf ich euch bitten, Herr, mein Denken zu befrieden?»

«Lege dein Denken hier vor mich!» versetzte Bodhidharma, «ich werde es befrieden.»

«Aber es ist mir unmöglich, mein Denken vor Euch hinzulegen.»

«Dann hab ich dein Denken befriedet.»

Kurz nach Bodhidharmas Tod berichtete jemand, er habe ihn in den Bergen gesehen, auf dem Weg nach Indien zurück, wie er, barfuß einherschreitend, einen Schuh in der Hand trug. Man öffnete demzufolge des Meisters Grab, und alles, was darin gefunden wurde, war ein einzelner Schuh, den er zurückgelassen!

> Neun Jahre war er geblieben und niemand kannte ihn.
> Einen Schuh in der Hand tragend, zog er still nach Hause, ohn' allen Pomp.

Vielleicht ist es schwer, in solch einer absurden Erzählung, wie der von Bodhidharmas Laufbahn, irgend etwas zu finden, was der ganzen fernöstlichen Geschichte eine entscheidende Wendung könnte gegeben haben: Ein alter Mann kommt aus Indien herüber, benimmt sich gegen den Kaiser höchst derb und kurz angebunden, weigert sich, einen armen Teufel zu sehen, der von ihm lernen möchte, bis er sich einen Arm abhackt, und äußert dann bloß etwas völlig Ungereimtes. Und doch begann seit jener Zeit etwas, das Künstler und Schriftsteller, Krieger und Staatsmänner inspirierte; etwas, das die Kulturen Chinas und Japans mehr als irgendein andrer Einzelfaktor beeinflußt hat. Die Wahrheit war, daß Bodhidharma Weisheit gefunden hatte, die sich nur einem darauf Vorbereiteten übermitteln ließ. Und dann war es eine Weisheit, die man in keine verstandesmäßige Formel pressen konnte. Nur jene, die so sehr darnach verlangten, daß sie bereit waren, wie Shang-Kwang alles dranzugeben, konnten sie verstehen. Für die übrigen war sie Unsinn, und die abgeschmackten Sagen, die sich an

Bodhidharma hefteten, entsprangen vermutlich dem Wunsche, das Unherkömmliche seiner Erscheinung zu betonen und ihm jenen leicht launigen Zug zu geben, der sich den Zenvertretern durchwegs anheftet. Fast alle von Zenkünstlern gemalten Bildnisse Bodhidharmas scheinen darauf angelegt, ein Lächeln zu erregen.

Die humoristische Seite des Zen zeigt eine seiner wichtigen Verwandtschaften mit dem Taoismus; denn einen ähnlichen Mangel hochtrabender Würde und Feierlichkeit findet man in einigen Aussprüchen des Lao Tse und des Chuang Tse. Während der Jahre, die auf Bodhidharmas Tod und die Anfänge des Zen (wie man es heute kennt) folgten, ist es ohne Zweifel in enge Berührung mit taoistischen Lehren gekommen; denn in den Aussprüchen der späteren Meister wird das Wort «Tao» oft gleichbedeutend mit «Buddhanatur» oder «Dharma» (Gesetz) verwendet. Vielleicht war das Geheimnis des Zenhumors und des taoistischen, daß weder Zen noch Taoismus die gegenständliche Welt besonders ernst nahmen. Sie machten sich lustig über den schwerfälligen Verstand und über alle Arten von Förmlichkeit und Feierlichkeit. Als Chuang Tse's Frau starb, fand einer von seinen Schülern ihn singend und den Takt auf einer Trommel schlagend, statt zärtlicher Trauer hingegeben. Der Schüler wandte ein:

«Mit eurer Frau leben, euren ältesten Sohn aufwachsen und zum Mann heranreifen sehen und dann nicht eine Träne über ihrem toten Leib vergießen – dies würde schon schlimm genug sein. Aber auf einem Topf trommeln und dazu singen – das geht nun entschieden über die Schnur!»

«Keinesstwegs», entgegnete der Meister. «Als sie starb, da war es unvermeidlich, daß ihr Tod mir nahe ging. Bald jedoch entsann ich mich, daß sie schon vor der Geburt, in einem früheren Leben, dagewesen war. Und nun ist sie, kraft einer neuen Verwandlung, gestorben und geht von einer Stufe zur andern, gleich der Folge von Frühling, Sommer, Herbst und Winter ... Weinend und jammernd umherlaufen hieße für mich: bekennen, daß ich von diesen natürlichen Gesetzen nichts weiß. Darum halte ich damit zurück.»

Der eigentliche Zenhumor findet sich in manchen von den Bildnissen, welche die Meister voneinander gemalt haben. Selten begegnen wir darauf ernsten und würdevollen Persönlichkeiten, sondern eher heitern Karikaturen von absurd fetten oder knorrigen kleinen Männern, die dröhnend lachen oder gegen einen unglücklichen Schüler wettern, der unfähig war, auf eine unmögliche Frage eine flinke Antwort zu finden. Es gibt ein köstliches Bild eines kleinen kahlköpfigen Mannes, der sich auf einen krummen Stab lehnt, und dessen winzige Äuglein vor Vergnügen über zwei im Vordergrund kämpfende Hähne funkeln. Ein andres wiederum zeigt den verehrten sechsten Patriarchen (Hui Neng), in ein paar schäbige Lumpen gehüllt, wie er, gleich einem Rasenden, ein heiliges Schriftwerk in Stücke reißt. Häufig titulierten die Zenmeister sich gegenseitig als «alte Reissäcke» und mit sonstigen wenig verbindlichen Ausdrücken, und zwar nicht etwa aus «Berufsneid»; es belustigte sie vielmehr der Gedanke, daß sie und ihre weisen Brüder nach gewöhnlichen Maßstäben für so ausnehmend heilig galten, während sie sich doch alle klar darüber waren, daß ein jedes Ding heilig ist, selbst Kochtöpfe nicht ausgenommen und verirrte Blätter, die der Wind vor sich her bläst; und daß an ihnen selber ganz und gar nichts besonders ehrwürdig wäre. Ein andres, von Mu-Ch'i gemaltes Bild zeigt den Meister Hsien-tzu, der über eine Garnele kichert; denn – mochte es eine Garnele oder ein Paar Kampfhähne sein – den Zenmeistern schienen die gewöhnlichsten Dinge Anlaß zu immer neuem Staunen und Vergnügen zu bieten. Was sie zum Lachen reizt, ist vielleicht die Vorstellung, daß derart wunderliche kleine Geschöpfe, gerade so gut wie die Menschen, Verkörperungen der erhabenen Buddhanatur sind. Oder es mag auch sein – um noch einmal Keyserling zu zitieren – «(dem Geist) fehlt jedes Gewicht, jede Schwere; fehlt der Ernst. Von ihm aus ist nichts schwer. Der Begriff der Mühsal nicht allein, sondern sogar des Leidens findet an ihm keinen Gegenstand. Mühsal gibt es nur von der Gana (dem Fleisch, der Leidenschaft) her geurteilt, und Schmerz und Leid kennt der Mensch nur als empfindendes und emotionales Wesen.» So muß der Geistige auf den Erdhaften in erster Linie un-ernst wirken.[1]

Doch, abgesehen von seinem Humor, hat Zen noch andre Berührungspunkte mit dem Taoismus. Lao Tse, der mutmaßliche Begründer des Taoismus, wird als ein Zeitgenosse Buddhas (ungefähr 600 v. Chr.)[2] be-

---

[1] Graf Hermann Keyserling, «Südamerikanische Meditationen», Innsbruck 1950, S. 352.
[2] Dies das allgemein genannte Datum, obschon einige Autoritäten den Lao Tse bloß für eine mythologische Figur halten.

trachtet. Und in der Zeit, da Zen nach China gelangte, war die ursprüngliche Lehre des Lao Tse seit langem von üppig wuchernder Mythologie und Aberglauben übersponnen; denn, ungleich der Lehre Kungfutses, war sie zur Religion der Massen geworden. Im Mittelpunkt des ursprünglichen Taoismus stand der Begriff des Tao – ein Wort, das man mit «Weg», «Gott», «Vernunft», «Natur», «Sinn» und «Wirklichkeit» übersetzt hat. Tatsächlich gibt es kein deutsches Wort, das seine wahre Bedeutung vermitteln kann. Das Schriftzeichen Tao setzt sich zusammen aus Symbolen, welche Rhythmus oder periodische Bewegung und Intelligenz bedeuten; aber Lao Tse sagte ja selber: «Das Tao, das sich mit Worten beschreiben läßt, ist nicht das wahre Tao.» Und am besten ist daher, man läßt das Wort unübersetzt. Es mag genügen, wenn wir sagen, die allgemeine, hinter Tao stehende Idee ist die von Wachstum und Bewegung. Es ist der Lauf der Natur, das Prinzip, das den Wechsel herbeiführt und regiert, der unablässige Fortgang des Lebens, das keinen Augenblick stille hält. Dem Taoismus gilt dasjenige, was absolut still steht oder absolut vollkommen ist, für absolut tot; denn ohne die Möglichkeit von Wachstum und Wechsel kann es kein Tao geben. In Wirklichkeit findet sich in der ganzen Welt nichts, was ganz vollkommen wäre oder völlig still stände. Nur im menschlichen Denken sind solcherlei Vorstellungen auf-

---

Arthur Waley setzt den Taoteking (der dem Lao Tse gewöhnlich zugeschrieben wird) um 240 v. Chr. an und glaubt, er sei erst zu einer späteren Zeit mit dem Namen Lao Tse verknüpft worden. Vgl. «The Way and its Power» (London 1934), S. 86, 99 und 101.

gekommen, und es sind just jene Vorstellungen, die, nach der Lehre des Taoismus, dem menschlichen Elend zugrunde liegen. Denn der Mensch klammert sich an Dinge, in der eitlen Hoffnung, sie möchten unverändert und vollkommen bleiben; er mag sich mit dem tatsächlichen Wechsel nicht abfinden; er will dem Tao seinen Lauf nicht lassen. Darum lehrten Lao Tse und sein grosser Vertreter Chuang Tse, die höchste Form des Menschen sei derjenige, der sich der Bewegung des Tao anpaßt und mit ihr Schritt hält. Er allein kann Ruhe finden; denn der Umstand, daß der Mensch Veränderung feststellt und bedauert, beweist, daß er nicht selber mit dem strömenden Leben sich fortbewegt. Bewegung ist nur wahrnehmbar für etwas, das im Verhältnis dazu ruhig steht. Aber das ist eine unechte Ruhe; denn sie erzeugt Reibung mit dem, was sich fortbewegt. Könnte der Mensch Schritt halten mit dem Tao, so würde er die echte Ruhe finden; denn er würde sich mit dem Leben fortbewegen und es käme zu keiner Reibung.

Diese Lehre kann gar leicht in reine Läßlichkeit ausarten, und so wurde der Taoismus schließlich zum bequemen Fatalismus, während die ursprüngliche Lehre nicht von dieser Art war. Denn mit der Lehre vom Tao Hand in Hand geht *Wu-wei*, das Geheimnis, Umstände zu meistern, ohne daß man sich gegen sie behauptet. *Wu-wei* ist von so manchen abendländischen Wissenschaftern mit «Nichttun» übertragen worden, und dem korrumpierten Taoismus galt es ebenfalls dafür. Tatsächlich aber ist es das Prinzip, das dem *Jiu-jutsu* zugrunde liegt – eine höchst erfolgreiche Art, einen Gegner im

Ringen zu besiegen –, das Prinzip, einer gegen uns gerichteten Kraft in solcher Weise nachzugeben, daß sie uns nicht zu schädigen vermag, und gleichzeitig ihre Richtung zu ändern, indem man sie von hinten her stößt, statt daß man versucht, ihr die Stirne zu bieten. Daher leistet, wer in der Lebensmeisterung erfahren ist, den Dingen niemals Widerstand; er sucht niemals, sie dadurch zu ändern, daß er sich gegen sie behauptet. Er gibt ihnen nach, wenn sie mit Vollgewalt auf ihn eindringen, und stößt sie entweder sachte aus der geraden Linie oder wendet sie ganz rundum in die gegenteilige Richtung, ohne je ihrem direkten Anprall zu begegnen. Das heißt: Er behandelt sie positiv; er ändert sie, indem er sie annimmt, sie in sein Vertrauen zieht, niemals aber durch ein schroffes Nein. Vielleicht läßt sich Wu-wei am besten verstehen durch Kontrastierung mit seinem Gegenteil *Yu-wei*. Das Schriftzeichen *yu* besteht aus zwei Symbolen – Hand und Mond – bezeichnet mithin die Idee des Greifens nach dem Monde, als ob man ihn fassen und besitzen könnte. Doch der Mond spottet aller Versuche, ihn zu greifen, und er läßt sich in seiner Bahn ebenso wenig anhalten, wie man durch bewußtes Streben verhindern kann, daß Umstände sich ändern. Während also *yu* soviel heißt wie «Flüchtiges festhalten wollen» (und Leben wie Tao ist wesentlich flüchtig), bedeutet *wu* nicht nur «*nicht* festhalten», sondern zudem «positives Annehmen des Wandels, der Veränderung». So macht der Mensch in seiner höchsten Form sich zum leeren Raum, so daß alle Dinge zu ihm hingezogen werden; er läßt alles gelten, bis er, alle Dinge in sich schließend, zu ihrem

Herrn und Meister wird. Dies ist das Prinzip, die Dinge dadurch zu beherrschen, daß man mit ihnen Schritt hält, sie durch Selbstanpassung zu meistern.

In gewissem Sinne ist der Begriff Tao dynamischer als die Mahayana-Vorstellung der Soheit (Tathata); jenes ist etwas ständig sich Bewegendes, diese dagegen das inmitten allen Wechsels Unbewegliche. Allein, der Unterschied zwischen den beiden ist mehr scheinbar als wirklich; denn nur was sich Veränderung gefallen läßt, kann unbeschädigt und wahrhaft unbewegt bleiben. Wenn es weit genug ist, allen Wechsel in sich zu schließen, so kann es selber nie verändert werden. Und Tathata ist das einzige Prinzip, das alle vergänglichen Einzeldinge in sich faßt. Doch wie im Fall von Mahayana sahen die Zenmeister, daß über Tao reden so viel wäre wie das Tao völlig verfehlen. Denn sobald man versucht, es begrifflich festzuhalten, wird es unwirklich und stirbt. Es ist ganz richtig zu sagen, man müsse sich mit dem Tao fortbewegen; der Umstand jedoch, daß man über Bewegung *redet*, beweist eben, daß man damit noch nicht begonnen hat; und den Zenmeistern lag daran, den Leuten den ersten Anstoß zu geben. So war es also Zen, das den Taoismus zu neuem Leben brachte. Wenn man einen Augenblick zaudert, um zu philosophieren und *darüber* nachzudenken, so gleitet das Leben vorbei, und die Wirklichkeit des Augenblicks ist verpaßt. Aus diesem Grunde konnten die Zenmeister Verstandesbegriffe nicht ausstehen. Begriffliches Denken heißt: eine Schranke zwischen sich und dem Tao ziehen. Und dies ist widersinnig; denn das Tao ist jederzeit gegenwärtig, jeden Augenblick

bereit, sich zu offenbaren, doch es läßt uns niemals Zeit,
darüber nachzudenken. Deshalb lesen wir im Mumon-kan:

> Kein Schlagbaum steht an öffentlichen Straßen.
> Wege sind da von mancherlei Art.
> Wer diese Schranke durchschreitet,
> Wandert frei durch die ganze Welt.

Nach dem Tode Bodhidharmas folgte ihm eine Reihe von fünf Zenpatriarchen, deren letzter Hui Neng war. Seit der Zeit des Hui Neng verlor Zen seinen eigentümlich indischen Charakter vollständig. Es wurde durch die mehr praktisch gerichtete chinesische Sinnesart völlig umgeformt, und die letzten Spuren theoretischen Unterrichts, die ihm noch geblieben, wurden nun fast restlos weggefegt. Hui Neng war der letzte, der eine ausgesprochen philosophische Erklärung des Zen lieferte, und in der Folge waren die meisten der wenigen längeren Reden der Zenmeister, die uns aufgezeichnet sind, bei weitem ausweichender, paradoxer, auf einen kräftigeren Ton gestimmt. Doch Hui Neng hinterließ ein bedeutendes Werk – eine Sammlung von Predigten in der Niederschrift eines seiner Schüler – dessen vollständiger Titel wie folgt lautet: «Das Sutra gesprochen vom sechsten Patriarchen auf dem Hochsitz des Kleinodes der Lehre» (Dharmaratna). In der Regel wird das Wort «Sutra» nur für Buddhas eigene Reden gebraucht oder für diejenigen der großen Bodhisattvas, die seine unmittelbaren Schüler waren. Und die einzige Ausnahme von dieser Regel bildet eben «das Sutra des sechsten Patriarchen», das bekannt geworden ist als «einziges von einem geborenen Chinesen gesprochenes Sutra». Es war dies eine reichlich verdiente

Ehre; denn das Sutra stellt sich neben die Bhagavadgita, den Taoteking, den Dhammapada und die Yoga-Sutras Patanjalis, die in aller Welt als die größten Meisterwerke der geistigen Literatur des Ostens anerkannt sind. Der erste Abschnitt des «Sutras des sechsten Patriarchen» ist Hui Nengs Bericht, wie er zum Verständnis des Zen gelangte. Darin wird uns erzählt, er sei ein ungebildeter Brennholzhändler gewesen und habe eines Tages, als er in seiner Werkstatt arbeitete, auf der Straße draußen zufällig jemanden eine Stelle aus dem *Diamant-Sutra (Vagrakkhedika)* hersagen hören. Augenblicklich wurde ihm die Bedeutung intuitiv klar, und er fand, daß der Mensch, der das Sutra rezitierte, aus dem Kloster kam, wo der fünfte Patriarch, Hwang Yan, eine Gemeinde von etlichen tausend Schülern unterrichtete. Sofort machte sich Hui Neng auf den Weg zum Patriarchen, und als er zum Kloster gelangte, wurde er angestellt, acht Monate lang in den Ställen zu arbeiten. Eines Tages berief Hwang Yan, welcher fühlte, daß seine Zeit bald vorüber wäre, all seine Schüler und sagte ihnen, sein Nachfolger müsse nunmehr bestimmt werden. Die Wahl sollte auf denjenigen fallen, der den besten, die Summe der Zenlehre ziehenden Vers schreiben könne.

Zu jener Zeit war führender Mönch ein gewisser Shin Shau – ein Mann, der, obwohl im Buddhismus theoretisch durch und durch beschlagen, dennoch die wesentliche Wahrheit nicht erfaßte. In seinem Herzen wußte er wohl, daß sein Wissen bloß oberflächlicher Art war, und er fürchtete sich, persönlich zum Meister hinzugehn und seinen Vers ihm zu unterbreiten. Er beschloß daher, ihn auf die Wand vor des Meisters Halle zu schreiben, so daß, falls der Meister ihn beifällig aufnehmen sollte, er sich als Urheber bekennen möchte. Also ging er mitten in der Nacht und schrieb folgenden Vers:

> Der Körper gleichet dem Bodhi-Baum
> Und die Seele dem glänzenden Spiegel.
> Trachte, sie allzeit rein zu halten,
> Daß darauf nicht Staub sich sammle!

Nach außen hin billigte der Patriarch die Verse, insgeheim aber sagte er dem Shin Shau, sein Verständnis sei schal, und bevor er ihn zum sechsten Patriarchen ernennen könne, müsse er einen andern vorschlagen. Mittlerweile hatte Hui Neng diese Verse gesehen und im klaren Gefühl, daß etwas darin nicht stimmte, bat er einen Freund, ein paar andre daneben zu schreiben. Und die lauteten:

> Weder gibt es den Bodhi-Baum
> Noch einen glänzenden Spiegel.
> Da alles in Wahrheit Leere ist,
> Worauf sollte der Staub sich sammeln?

Der Patriarch erkannte sogleich, daß hier einer war, der die Leerheit der bloßen Begriffe und Entsprechungen verstand, und da er den Neid der andern Mönche fürchtete, bestimmte er Hui Neng heimlich zu seinem Nachfolger, indem er ihm das Gewand und die Almosenschale einhändigte, die, wie man glaubte, ursprünglich dem Buddha selber gehört hatten. Nach einer Reihe von Zwischenfällen mit neidischen Verfolgern ward Hui Neng als sechster Patriarch anerkannt, und sein besonderer Beitrag an Zen war die Methode plötzlicher statt allmählicher Selbstverwirklichung. Der Unterschied bestand in folgendem: Während manche es für nötig hielten, durch geduldiges Studium und Ausüben verdienstlicher Handlungen stufenweise zum Verständnis des Zen zu gelangen, sah Hui Neng, daß diese Methode einen leicht in die Irre bloßen Verstandesdenkens führte. Das Leben bewegt sich zu schnell, als daß man tastend und schrittweise an es herankommen könnte; denn während man sich von langer Hand auf Erleuchtung vorbereitet, entschlüpft einem die unmittelbare Wahrheit in einem fort. Wer damit Zeit verliert, am Flußrand sich zu fragen, wie er am besten hineinsteige, des Wassers Kühle mit den Zehen prüfend und sich ausdenkend, wie er sich drin fühlen werde, der fällt gar bald in die Gewohnheit, die entscheidende Tat auf- und hinauszuschieben. Der Zenschüler muß schweigend zum Ufer gehn und seelenruhig ins Wasser gleiten, ohne Aufhebens, ohne daß er sich Zeit läßt, Furchtgedanken zu beschwören oder ängstliche Mutmaßungen, wie es wohl sein werde, ohne an den Haaren Gründe herbeizuziehen, warum er nicht stracks hineinspringen sollte.

Kurz vor seinem Tod verkündete Hui Neng, die Sitte, einen Patriarchen zu ernennen, sollte abgeschafft werden; denn er sprach zu seinen Schülern: «Ihr seid alle frei von Zweifeln; deswegen seid ihr alle fähig, das erhabene Ziel unserer Schule weiter zu verfolgen.» Dann zitierte er eine Strophe, die Bodhidharma verfaßt haben soll:

> Das Ziel, deswillen ich nach China kam,
> War: allen Wahnbetörten die Lehre von der Befreiung
> zu bringen.
> Fünf Blumenblätter machen die Blüte ganz.
> Dann gelangt die Frucht zu ihrer natürlichen Reife.

Dahin kam es in der Tat; denn während der späteren T'ang- und der ganzen Epoche der Sung- und Yüandynastien (713–1367), die auf den Tod Hui Nengs folgten, fiel der hohe Stand, den die Zenlehre und Zenpraxis innehielten, mit dem goldenen Zeitalter der chinesischen Kultur zusammen. Fast alle großen Zenmeister lebten in diesem Zeitabschnitt – Ma Tsu (japan. Baso), Pai-chang (japan. Hyakujo), Lin Chi (japan. Rinzai), Chao-chou (japan. Joshu) und Yun Men (japan. Ummon) – manche von ihnen werden in den folgenden Kapiteln Erwähnung finden. Zu jener Zeit genoß Zen in allen Schichten der Gesellschaft große Volkstümlichkeit und brachte alles, was Taoismus und Mahayana an Vorzügen besaßen, zur vollen Reife. Denn Zen verband den Idealismus, die unbewegliche Ruhe und die Strenge des Buddhismus mit der Poesie, mit der Beweglichkeit des Taoismus, mit seiner Verehrung des Unvollendeten, «Unvollkommenen» und Wechselnden, das ihm die Gegenwart des Lebens, des nie versiegenden Tao-Stroms verbürgte. Diese beiden Elemente durchdringen den Geist des Zen allenthalben, zusamt seiner eigenen, einzigartigen Dynamik, von der sie beide Leben und Kraft empfangen.

Gegen das Ende der Sungdynastie (1279) begann eine andere Form des Buddhismus aufzukommen, und in den folgenden Jahren brach sie allmählich die Vorherrschaft des Zen in China. Dies war der Kult Amitabhas (chin. A-mi-to Fo; japan. Amida), die Personifizierung des «schrankenlosen Lichtes», der große Buddha, welcher gelobt hatte, alle Wesen zu erretten und sie endlich ins Nirvana zu bringen. Man glaubte, daß, kraft dieses Gelübdes, alle, die ihren Glauben in Amitabhas Erbarmen setzen, wiedergeboren würden in das Reine Land oder Paradies des Westens *(Sukhavati)* – einen Ort, wo Weisheit zu erlangen eine leichtere Sache sein würde als in dieser unmöglichen Welt. Das Paradies des Westens schilderte man mit einer Fülle sinnlicher Bilder, die sehr natürlicher Weise die Massen ansprach:

> In jenem Land der Wonne welken die Blumen nie.
> Glanz von Demanten hellet und Jade jeden Steig.
> Und jedes Vogels Lied aus Dickicht und Gezweig
> Tönt Tathagata-Weisheit in süßer Melodie.

Bis zum heutigen Tag ist der Buddhismus des Reinen Landes die volkstümlichste Form des Mahayana in China wie in Japan, wo Amitabha allgemein verehrt wird, als ein liebender Gott, der in mancher Hinsicht dem Gott der Christen ähnlich ist. Daher zerfiel der fernöstliche Buddhismus in zwei Hauptschulen, in Japan als Jiriki und Tariki, «eigene Macht» und «fremde Macht» bekannt – das heißt, jene, die sich in ihrem Ringen nach Weisheit auf ihre eigene Anstrengung und jene, die sich auf das Mitleid des Bodhisattva verließen. Zen gehörte zur ersten Gruppe, und als die Kultur Chinas anfing, ihre Männlichkeit langsam einzubüßen, wechselte es zu der jungen Kultur Japans hinüber, allwo es zuerst durch Ei-sai (1191) eingeführt wurde. Hier ward es zur Religion der Samurai – der Kriegerkaste – und übte einen noch tiefern Einfluß auf die Kultur des Volkes aus als in China. Bis zum heutigen Tag ist Zen ein mächtiger Faktor bei den gebildeten Japanern, und viele Angehörige freier Berufe und Geschäftsleute pflegen zu gewissen Zeiten Zenklöster zu besuchen, wo sie mit den Mönchen ein paar Wochen zusammenleben und arbeiten und neue Kräfte sammeln für die Wiederkehr in ihre gewohnte Tätigkeit. Aber Zen wird über Japan hinausgreifen. Bereits ist ein Gästehaus für abendländische Studierende einem Zenkloster zu Kyoto angegliedert worden, und, ob unter dem Namen Zen oder nicht, ein Hauch seines Geistes muß überall dort einfließen, wo Religion und Philosophie aus der Gruft von Theorien und Worten wieder erweckt werden sollen.

II
DAS GEHEIMNIS DES ZEN

Ein konfuzianischer Dichter kam einst zum Zenmeister Hui-t'ang, das Geheimnis seiner Lehre zu erkunden, worauf ihm der Meister einen Ausspruch des Konfuzius zitierte: «Wähnet ihr, ich verberge etwas vor euch, o meine Schüler? Nein, wirklich, ich habe nichts zu verbergen vor euch.» Da Hui-t'ang ihm keine weitere Frage gestatten wollte, verließ ihn der Dichter höchst verdutzt. Aber wenig später taten die beiden zusammen einen Gang in die Berge. Als sie an einem Busch von wildem Lorbeer vorüberkamen, wandte sich der Meister zu seinem Gefährten und fragte: «Riechst du's?» Dann, auf dessen bejahende Antwort, bemerkte er: «Da, ich habe nichts zu verbergen vor dir.» Zugleich wurde der Dichter erleuchtet[1]. Denn es ist tatsächlich paradox, vom Geheimnis des Zen zu reden; und trotz allen scheinbar dunkeln oder lächerlichen Antworten der Zenmeister auf die drängenden Fragen ihrer Schüler wird nichts vor uns verborgen. In Wahrheit ist Zen so schwer zu verstehen, weil es so sehr in die Augen springt. Und wir verfehlen es wieder und wieder, weil wir nach etwas Verstecktem Ausschau halten. Mit unsern Blicken den Horizont absuchend, sehen wir nicht, was uns vor den Füßen liegt. In Hakuins Worten aus seinem «Meditationsgesang»:

[1] Diese und die meisten andern der hier zitierten Zengeschichten (mondo) wurden von D. T. Suzuki übertragen, und eine große Anzahl davon findet sich in seinen verschiedenen Werken.

Alle Wesen sind Buddhas von Anbeginn.
Es ist wie Wasser und Eis:
Getrennt vom Wasser kann es Eis nicht geben.
Wenn nicht in fühlenden Wesen, wo wäre der Buddha
zu finden?
Nicht wissend, wie nah ihm Wahrheit sei,
Sucht sie das Volk in weiter Ferne...
Dem Manne gleich, der mitten im Wasser
Verdurstend nach einem Trunke schreit.

Der Mensch ist oft zu stolz, die selbstverständlichen Dinge zu prüfen, die ihm so nahe liegen. Zen fand, daß die Bekenner des Mahayana die Wahrheit in Schriften, in heiligen Männern und Buddhas suchten, wähnend, diese würden sie ihnen offenbaren, wenn sie ein frommes Leben führten. Denn des Menschen scheinbare Demut, wenn er meint, Weisheit sei zu erhaben, als daß sie im Alltag seines Lebens sich offenbaren könnte, ist eine heimliche Form von Stolz. Sein Inneres sagt ihm, er müsse so vornehm sein, sich von den Dingen der Welt abzuwenden, ehe er Wahrheit empfangen könne. Und solcherart ist sein Stolz, daß er sie nur von den Lippen der Weisen und aus den Blättern heiliger Schriften empfangen möchte. Er sieht sie nicht in gewöhnlichen Menschen oder in Ereignissen des täglichen Lebens. Er sieht sie nicht in sich selber; denn wiederum ist er zu stolz, sich so zu sehen, wie er ist. So weit entfernt, nach Wahrheit zu trachten, verbirgt er seine Mängel hinter seinen «verdienstlichen Taten» und nähert sich den Buddhas im Schutze ihrer Maske.

Dem Zen ist solche behutsame Selbstvorbereitung auf das Finden der Wahrheit in unbestimmter Zukunft oder aus irgendwelchen äußeren Quellen ein Aufschub dessen, was aus dem Anblick der Tatsachen, wie sie gerade sind – gleichviel ob erfreulich oder nicht – sich ergeben könnte. Denn wer die Wahrheit nicht in sich selbst zu schauen vermag, dem kann sie kein Buddha offenbaren. Und wer nicht hier und heute nach ihr trachtet, darf nicht erwarten, sie werde ihm künftig einmal entschleiert. Und so lehrte Zen, niemand könne den Buddha in einem Paradies oder Himmel finden, er habe ihn denn zuvor in sich selbst oder in andern fühlenden Wesen gefunden; und niemand dürfe erwarten, in einer Klause Erleuchtung zu erlangen, wenn er nicht fähig sei, sie im Gewühl des Weltlebens zu finden. Denn laut oberstem Glaubenssatz des Mahayana sind alle Dinge, wie gering dem Scheine nach und wie unbedeutend sie sein mögen, Aspekte der Buddhanatur. Und dies bedeutet, daß man jedes Wesen und jedes Ding anzunehmen habe. Nichts darf aus dem «Lotuslande der Reinheit» als «weltlich» oder «gemein» oder «niedrig» ausgeschlossen bleiben. Wie Thomas a Kempis in der «Nachfolge Christi» schrieb: «Wenn dein Herz in der rechten Verfassung wäre, dann würde jedes Wesen ein Spiegel des Lebens und ein Buch der heiligen Lehre sein. Es gibt kein Geschöpf so winzig und verworfen, das nicht Gottes Güte widerspiegelt.» Und auf die Frage: «Was ist Erleuchtung?» antwortete ein Zenmeister: «Deine Alltagsgedanken», während ein anderer, befragt, was Tao sei, erwiderte: «Das gewöhnliche Leben ist das Tao». Meister Pai-chang sagte, Zen bedeute weiter nichts als «Iß, wann dich hungert, schlaf, wann du müde bist»; indes Lin-chi erklärte: «Der wahrhaft religiöse Mensch hat nichts zu tun als sein Leben, wie er's unter den mancherlei Umständen dieser weltlichen Existenz vorfindet, fortzusetzen. Er steht des Morgens ruhig auf, kleidet sich an und begibt sich an seine Arbeit. Wünscht er zu gehen, so geht er; wünscht er zu sitzen, so setzt er sich. Er hat kein Verlangen nach Buddhatum, nicht den entferntesten Gedanken daran. Wie ist das möglich? Ein Weiser der alten Zeit sagt: ‚Wenn du durch bewußte Vorkehrungen nach Buddhatum trachtest, so ist dein Buddha in Wirklichkeit die Ursache ewiger Seelenwanderung‘[1].»

Wenn in der Tat alle Dinge das Tao oder die Buddhanatur sind, was frommt es dann, daß man strebt, ein Buddha zu werden und Nirvana zu erlangen? Für den, welcher Augen hat zu sehen, liegen ewige Wahrheit und Buddhatum offen vor uns, hier und heute, in unserem eigenen Denken und Handeln und im wechselnden Strom des Geschehens, der unablässig an uns vorüberfließt. Zwecklos ist daher das Suchen nach dem Buddhatum, als wäre es etwas anderes als das Leben in seiner wirklichen alltäglichen Gestalt. Oder mit Hui-Nengs Worten: «Der einzige Unterschied zwischen einem Buddha und einem gewöhnlichen Menschen ist, daß der eine sich über sein Wesen klar ist, der andere nicht.»

> Diese Erde selber ist das Lotusland der Reinheit,
> Und dieser Leib ist Buddhas Leib. (Hakuin)

Deswegen, so urteilt Zen, liegt im Streben nach Buddhatum, daß man zwischen sich und der Buddhanatur einen Unterschied macht. Damit wird der Grund zur Selbstsucht gelegt; denn es bedeutet, daß das Ich

[1] Suzuki, Essays in Zen Buddhism II S. 260.

vom übrigen Leben getrennt, von andern Wesen abgesondert wird; und dies ist eine gelinde Form von Irrsinn. Denn der Irrsinnige ist der einsamste Mensch in der Welt. Deshalb werden alle äußerlichen Vorstellungen von Buddha und Nirvana ohne Gnade beiseite gefegt, und Zen ward zu einer Art Bilderstürmerei. Es zerstörte grausam alle Begriffe und Symbole, alle äußerlichen und anthropomorphen Vorstellungen von Buddha, welche sich als Wahrheit maskierten. So hören wir Lin-chi wie folgt losziehen:

> «O ihr Bekenner der Wahrheit: Wünscht ihr ein rechtgläubiges Verständnis des Zen, so laßt euch von andern Leuten nicht betrügen! Stoßt ihr – inwendig oder außer euch – auf Hindernisse, schlagt sie kurzerhand tot! Stoßt ihr auf den Buddha, schlagt ihn tot! Stoßt ihr auf den Patriarchen, schlagt ihn tot! Schlagt sie alle ohne Zögern tot; denn dies ist der einzige Weg zur Befreiung. Laßt euch nicht in irgendein Ding verstricken, sondern steht darüber, schreitet weiter und seid frei!»

Und wiederum rät uns Zen: «Verweilt nicht da, wo Buddha ist; und wo er nicht ist, da geht rasch vorüber!» Eine artige Geschichte in diesem Zusammenhang ist die von Meister Tan-hsia und dem hölzernen Buddha: In einer Winternacht suchte Tan-hsia Unterschlupf in einem Tempel, und da er das Feuer am Ausgehen fand, nahm er eine von den hölzernen Buddhafiguren vom Altar und legte sie auf die glimmende Asche. Als der Tempelhüter entdeckte, was geschehen war, geriet er in Zorn über einen solchen Akt von Tempelschändung und begann, Tan-hsia ob seiner Unehrerbietigkeit zu schelten. Aber Tan-hsia stocherte bloß in der Glut herum und bemerkte: «Ich lese die heiligen Überbleibsel aus der Asche.» – «Wie denn», fragte der Hüter, «kannst du heilige Überreste von einem hölzernen Buddha sammeln?» – «Wenn seine Überreste nicht heilig sind», versetzte Tan-hsia, «so war dies zuverlässig kein Buddha, und ich habe kein Sakrileg begangen. Kann ich wohl noch die zwei andern Buddhas für mein Feuer haben?»

Zen war somit die Methode unmittelbarer Annäherung. Es verzichtete auf äußere Stützen der Religion, da solche geeignet sind, die Leute irrezuführen. Schriften und Lehren waren gut, solange man darin bloße Hilfsmittel sah. Und Zenmeister vergleichen sie einem Finger, der auf den Mond weist. Ein Narr ist, wer den Finger für den Mond hält. So wurde Zen zusammengefaßt als:

> Eine besondre Art, ohne die Schriften Erleuchtung zu vermitteln.
> Keine Abhängigkeit von Worten und Buchstaben.
> Unmittelbares Ansprechen der menschlichen Seele.
> Einen Blick tun in unsre eigene Natur.

Man mag uns sagen, die Wahrheit des Zen sei einleuchtend, sie stehe uns jederzeit vor Augen. Aber das führt uns nicht sehr weit. Die alltäglichen Verrichtungen scheinen eben keiner sonderlichen Beachtung wert. Wenn man sich ankleidet, sein Essen verzehrt oder seine Hände wäscht, so liegt darin scheinbar nichts, was auf die Gegenwart von Nirvana oder Buddhatum könnte schliessen lassen. Doch als ein Mönch Meister Chao-chou fragte: «Was ist das Tao?» erfolgte die Antwort: «Das gewöhnliche Leben ist das Tao.» Der Mönch fragte abermals: «Wie können wir uns damit in Harmonie bringen?» «Wenn du versuchst, dich damit in Harmonie zu bringen, wirst du dich von ihm entfernen.» Denn Leben, selbst als die eintönige Folge des Tagesgeschehens, ist etwas wesentlich Ungreifbares und Unbestimmbares. Keinen Augenblick bleibt es dasselbe. Nie können wir, zur Zergliederung und begrifflichen Bestimmung, es zum Stillstand bringen. Versuchen wir, uns vorzustellen, wie schnell die Zeit verstreicht oder die Dinge sich wandeln, so gerät unser Denken in einen Strudel; denn es ist eine Eile, die sich nicht berechnen läßt. Je heißer wir bemüht sind, den Augenblick zu packen, eine lustvolle Empfindung festzuhalten oder etwas auf eine Art auszusagen, die für alle Zeit befriedigen kann, desto mehr entschlüpft uns alles. Man hat gesagt, definieren sei töten, und wenn der Wind nur auf eine Sekunde für uns still hielte und sich fassen ließe, so wäre er nicht länger Wind. Das nämliche gilt vom Leben. Unablässig bewegen und wandeln sich Dinge und Ereignisse. Wir können den gegenwärtigen Augenblick nicht ergreifen, können ihn nicht zum Verweilen bringen. Wir können die entwichene Zeit nicht zurückrufen, eine vergängliche Empfindung nicht für immer festhalten. Versuchen wir je, es dennoch zu tun, so ist alles, was uns bleibt, eine tote Erinnerung. Die Wirklichkeit ist nicht mehr da, und keine Befriedigung läßt sich darin finden. Spüren wir ein plötzliches Glücksgefühl, so sehen wir es um so rascher entschwinden, je eifriger wir auf Mittel zu seiner Bewahrung sinnen. Oder wir suchen das Glück begrifflich festzulegen, um es künftig finden zu können, sobald uns elend zumut ist. Ein Mensch denkt etwa: Ich bin jetzt glücklich, weil ich an diesem Ort weile. Deswegen hängt das Glück für mich daran, hierher zu kommen und hier zu wohnen. Und beim nächsten Mal, wo er sich unglücklich fühlt, sucht er dies Rezept anzuwenden. Er begibt sich wieder an jenen Ort und findet, er werde dadurch keineswegs glücklich. Nur das tote Andenken an das Glück ist geblieben, und die Regel hält nicht stand. Denn das Glück ist wie Maeterlinks blaue Vögel – versuche, sie zu haschen, und sie verlieren ihre Farbe. Es ist, wie wenn man Wasser mit den Händen festhalten möchte – je fester man zugreift, desto behender rinnt es einem durch die Finger. Deswegen versetzte ein Zenmeister auf die Frage «Was ist Tao?»: «Geh weiter!» Denn wir können Leben nur verstehen, wenn wir mit ihm Schritt halten, durch restloses Bejahen und Hinnehmen seiner zauberhaften Verwandlungen, seines unendlichen Wechselspiels. Durch solches Hinnehmen wird der Zenschüler von einem mächtigen Staunen erfüllt; denn alles und jedes ist in ständigem Neuwerden begriffen. Der Anfang der Welt ist eben jetzt; denn alle Dinge werden in diesem Augenblick geschaffen. Und das Ende der Welt ist eben jetzt; denn alle Dinge schwinden in diesem Augenblick dahin. Deswegen sagt der Zendichter P'ang-yün:

> Wie wunderbarlich über die Natur
> Und wie erstaunlich dies:
> Ich schöpfe Wasser, schleppe Feuerholz!

So wird Zen mitunter als «Gradaus» oder als «Immervorwärts» bezeichnet; denn Zen heißt: sich mit dem Leben fortbewegen, ohne den Versuch, seinen Fluß zu hemmen und zu unterbrechen. Es ist ein unmittelbares Innewerden der Dinge, wie sie leben und sich bewegen, nicht ein bloßes Reflektieren *darüber* in Vorstellungen und Gefühlen, welches die toten Sinnbilder einer lebendigen Wirklichkeit sind. Deshalb sagt Meister Takuan mit Bezug auf die Fechtkunst *(kendo)* – eine durch zenistische Grundsätze stark beeinflußte Kunst:

«Dies – was man die 'nicht störend einwirkende' Haltung des Geistes nennen könnte – bildet das wichtigste Element in der Fechtkunst wie im Zen. Wird nur für eines Haares Breite Raum gelassen zwischen zwei Bewegungen, so ist das Unterbrechung.»

Das will besagen: Der Kontakt zwischen einem Geschehen und der seelischen Antwort darauf darf nicht durch Verstandesdenken unterbrochen werden; denn – so fährt er fort –

«Schlägt man die Hände zusammen, so schießt der Schall ohne die mindeste Überlegung hervor. Er zaudert und denkt nicht vor seinem Erschallen. Nichts legt sich hier dazwischen. Eine Bewegung folgt der andern, ohne daß unser bewußter Sinn sie unterbricht. Wenn du verwirrt bist und überlegst, was du tun sollst, während der Gegner schon zum Schlag ausholt, gibst du ihm Raum, d. h. eine Chance für seinen tödlichen Hieb. Laß deine Abwehr dem Angriff ohne die mindeste Unterbrechung folgen, so gibt es nicht mehr zwei getrennte Bewegungen, die als Angriff und Abwehr unterscheidbar wären.»

Wenn also «Angriff» für die Außenwelt oder das Leben steht und Abwehr für unsere Antwort auf das Leben, so muß man dies in dem Sinne auffassen, daß der Unterschied zwischen Ich und Leben aufgehoben wird. Selbstsucht fällt dahin, wenn der Kontakt zwischen den beiden so genau ist, daß sie sich gleichzeitig und im selben Rhythmus bewegen. Takuan sagt weiterhin:

«Die Unmittelbarkeit deiner Aktion wird unvermeidlich mit der Selbstvernichtung des Gegners enden. Es ist wie ein Boot, das weich über die Stromschnellen hinabgleitet. Im Zen wie in der Fechtkunst wird ein Geist des Nicht-Zauderns, Nicht-Unterbrechens, Nicht-Dazwischentretens hoch eingeschätzt. Häufig beruft man sich im Zen auf den Blitzstrahl oder auf die Funken, die es beim Zusammenprall zweier Feuersteine gibt. Wird dies im Sinne bloßer Raschheit verstanden, so begeht man einen schweren Irrtum. Die Absicht ist, die Unmittelbarkeit der Handlung zu zeigen, den ununterbrochenen Fluß der Lebensenergie. Wann immer Raum gelassen wird zum Unterbruch von einem Bezirk her, der nicht in vitaler Verbindung mit dem Anlaß steht, kannst du sicher sein, deine eigne Stellung zu verlieren. Dies natürlich soll nicht heißen, daß man wünschen soll, die Dinge hastig oder in möglichst kurzer Zeit zu tun. Wäre ein solcher Wunsch in dir, so würde schon seine Gegenwart eine Unterbrechung sein.«[1]

Dies ist in mancher Weise ähnlich der Kunst des Musikhörens. Wenn jemand innehält, seine Gefühls- und Verstandesreaktionen auf eine Sinfonie zu betrachten, während sie gespielt wird; ein Akkordgefüge zu zergliedern oder bei einer einzelnen Phrase zu verweilen, so kommt er um die Melodie. Wer die ganze Sinfonie hören will, muß sich konzentrieren auf den Fluß der Töne und Harmonien, wie sie ins Dasein treten und verklingen, und seinen inneren Sinn ständig im selben Rhythmus mitlaufen lassen. Über das Verklungene sich Gedanken machen, neugierig sein auf das Kommende oder die eigenen Empfindungen analysieren, heißt: die Sinfonie unterbrechen und sich die Wirklichkeit entgleiten lassen. Die Aufmerksamkeit muß restlos auf die Musik gerichtet und das eigene Ich vergessen werden. Jeder bewußte Versuch einer Konzentration auf die Sinfonie lenkt jedoch unser Gemüt ab durch den Gedanken an das eigene Ich, das

[1] Vgl. den Abschnitt über Judo und Kendo im letzten Kapitel, Seite 127 ff.

sich zu konzentrieren sucht. Und aus eben diesem Grunde sagte Meister Chao-chou dem Mönche, daß, falls er *versuche*, sich in Harmonie mit dem Tao zu bringen, er sich davon entfernen werde. Zen riet deshalb nicht bloß, der Sinfonie zu lauschen, statt an die Empfindungen zu denken, die sie in uns auslöst. Denn selbst durch den Rat, nicht an unsere Empfindungen zu denken, veranlaßt man uns immer noch, zu denken, daß wir nicht an sie denken sollen! Darum ging Zen weiter, es wählte die positive Methode, den Nachdruck auf die Sinfonie des Lebens selber zu legen. Alles Reden darüber, man solle trachten, das Gemüt in Harmonie zu bringen, läßt die Vorstellung des sich mühenden Ich herein und zieht damit die Aufmerksamkeit von dem gegenwärtigen, lebendigen Geschehen ab. Dies Geschehen aber war es eben, worauf die Zenmeister hinzuweisen pflegten. Sie führten das Leben ganz einfach vor Augen, ohne *darüber* Bejahendes oder Verneinendes zu äußern. Deswegen mochte einer zu seinem Schüler sagen: «Jenseits von Ja und Nein zeige mir die Wahrheit des Zen. Rasch, rasch, oder dreißig Stockhiebe!» Der Schüler hatte nicht Zeit zu stutzen und eine Antwort auszudenken. Der Meister erwartete, daß sie so unmittelbar und spontan erfolge, wie das Leben selber sich bewegt. Ein Meister erhob einmal einen Stock vor seinen versammelten Schülern und sprach: «O Mönche, seht ihr dies? Wenn ihr es seht, was seht ihr dann? Wenn ihr sagt ‚es ist ein Stock‘, nun, in diesem Fall seid ihr gewöhnliche Leute, ihr habt kein Zen. Sagt ihr dagegen: ‚Wir sehen nichts von einem Stock‘, dann würde ich entgegnen: ‚Hier halt ich doch einen, wie könnt ihr die Tatsache leugnen?'» Der hier in Frage stehende besondere Stock war als der *hossu*[1], des Meisters Standesabzeichen, bekannt, und er wurde öfter gebraucht, Zen zu demonstrieren, da er ständig in des Meisters Reichweite war. Meister Hsiang-yen fragte einst einen Schüler: «Es war einmal ein Mönch, der stellte an Wei-shan die Frage, warum Bodhidharma nach China gekommen sei, und Wei-shan erhob als Antwort seinen hossu. Nun sage mir, wie verstehst du den Sinn von Wei-shans Gebärde?»

«Des Meisters Absicht», erwiderte der Schüler, «ist, Denken und Materie zugleich deutlich zu machen, Wahrheit mittelst einer gegenständlichen Wirklichkeit zu offenbaren.»

«Deine Auffassung», sagte der Meister, «ist, soweit sie reicht, ganz richtig. Doch was frommt dies übereilte Spekulieren?»

Worauf der Schüler fragte: «Welches ist denn eure Auffassung?»

Hsiang-yen erhob seinen Stock.

Meister Pai-chang stellte einst einen Krug vor zwei seiner Schüler hin mit den Worten: «Nennt es nicht einen Krug, aber sagt mir, was es ist.»

Einer von ihnen antwortete: «Ein Stück Holz kann man es nicht nennen.»

Aber Pai-chang betrachtete diese Antwort als verfehlt und richtete dieselbe Frage an den andern. Als Erwiderung kam er nach vorn, stieß den Krug um und lief, ohne

---

[1] Meist ein kurzer Rundstab, eine Art Zepter, bisweilen mit besonderem Griff. (Anmerkung des Übersetzers).

ein Wort zu sagen, weg – mit dem Erfolg, daß Pai-chang diesen Schüler zu seinem Nachfolger ernannte.

Auf solche Weise brachten die Zenmeister das Denken ihrer Schüler in direkte Berührung mit dem Leben, mit dem ständig sich wandelnden und bewegenden Geschehen, das nichts anderes ist als die ewig sich selbst manifestierende Buddhanatur. Die Buddhanatur kennen, bedeutete, das Leben abseits jener «Störungen» kennen, deren hauptsächlichste der Begriff des Ich als einer vom Leben unterschiedenen Wesenheit war: Einer Wesenheit, die restlos mit ihren eigenen, privaten Reaktionen auf die Wirklichkeit, als mit etwas von der Wirklichkeit Verschiedenem, beschäftigt ist.

Buddha hatte gelehrt, die Ursache dieser Torheit sei *Trishna* (Pali. *Tanha*), was man so häufig fehlerhaft mit «Begehren» übersetzt. Wörtlich bedeutet es «Durst», und von hier aus erhielt es die Bedeutung «Durst nach Leben», während es, im Zusammenhang mit Buddhas Lehre, zweifellos besagen will: Durst nach Leben als ein Sonderwesen, als jemand, der außerhalb steht und in erster Linie die Wirkung betrachtet, die das Leben auf ihn selber hat und haben wird. Abgesehen von dieser Wirkung realisiert er das Leben auf keine Weise, und somit lebt er nie wirklich. Um zu der Analogie mit der Musik zurückzukehren: Er gleicht einem Menschen, der mit den Empfindungen, die ein Musikstück in ihm weckt, so beschäftigt ist, daß er das Stück nur zur Hälfte hört. Denn während er über die Wirkung des ersten Taktes reflektiert, hat das Orchester schon ein paar weitere gespielt, die ihm völlig entgehen. Die Philosophen des Mahayana haben diese

Dinge verstandesmäßig betrachtet, da es ihnen mehr auf Ideen als auf Realitäten ankam; Zen dagegen ging über alles Verstandesdenken hinaus. Befragt nach den letzten Geheimnissen des Buddhismus, gab es zur Antwort: «Die Zypresse draußen im Hof!», «Der Bambuswald drunten am Hügel», «Die aufgetrocknete Dreckbürste» – irgend etwas, das den Sinn von bloßen Abstraktionen zum Leben zurückwenden mochte.

Eng verknüpft mit dem Vorigen ist ein anderer wichtiger Aspekt des Zen, den man «geistige Armut» nennen kann. Fast jede Religionsform hat betont, viel Besitz sei ein Hemmschuh geistigen Fortschritts. Während aber der Zenmönch ohne Zweifel das Kleinstmaß an materiellen Gütern besitzt, ist für ihn Armut eher eine innere Haltung als ein äußerer Besitzstand. Die gewöhnlichste Art, Leben durch starre Bestimmungen festlegen zu wollen, ist die, daß man von irgend etwas – sei es eine Person, ein Ding oder eine Idee – behauptet: «Dies gehört mir.» Weil jedoch Leben ein so ungreifbarer, fortwährend wechselnder Vorgang ist, sind wir allemal, wenn wir wähnen, von einer Sache tatsächlich Besitz genommen zu haben, in Wahrheit vielmehr völlig darum geprellt. Alles, was wir besitzen, ist unsere eigene Vorstellung von dem begehrten Ding – eine Vorstellung, die dazu neigt, zu erstarren, die nicht wächst, wenn das Ding wächst. So ist eine der auffallendsten Eigenheiten derer, die von Besitzgier besessen sind – einerlei ob nach materiellen Gütern oder gehätschelten Ideen –, ihr Wunsch, alles möchte so bleiben, wie es ist – ihr Eigentum möchte nicht bloß in ihren Händen bleiben, sondern auch sich selber nicht verändern. Es gibt Philosophen und Theologen, die äußerst wichtig tun, wenn jemand sie fragt, wie sie über das Universum denken; denn sie bilden sich ein, ihr Denken enthalte der Weisheit letzten Schluß; und der Verlust jenes Denkens möchte der Verlust der Wahrheit sein. Weil aber Wahrheit lebendig ist, kann man sie nicht festlegen durch irgend etwas Lebloses, nämlich durch einen Begriff, dessen Gültigkeit, wie man meint, zum Teil auf der Tatsache beruht, daß er unveränderlich ist. Denn sobald wir glauben, wir hätten die lebendige Wahrheit in der Hand, ist sie verschwunden. Wahrheit kann ja nicht irgend jemandes Eigentum werden, aus dem einfachen Grunde, weil Wahrheit Leben *ist*, und weil der Glaube eines Einzelnen, er besitze alles Leben, ein offenkundiger Unsinn ist. Der Teil kann nicht das Ganze besitzen. Daher berichtet Chuang-Tze die folgende Geschichte:

> Shun fragte Ch'eng: «Kann man Tao so erlangen, daß man es für sich zu eigen hat?»
> «Nicht einmal dein Leib», erwiderte Ch'eng, «ist dein eigen. Wie sollte Tao es sein?»
> «Wenn mein Leib», sagte Shun, «nicht mein eigen ist, wessen ist er dann?»
> «Er ist das übertragene[1] Bild des Tao», versetzte Ch'eng. «Dein Leben ist nicht dein eigen. Es ist die übertragene Harmonie des Tao. Deine Individualität ist nicht dein eigen. Sie ist die übertragene Anwendung des Tao ... Du bewegst dich und weißt nicht wie. Du ruhst und weißt nicht warum ... Dies sind die Wirkungen der Gesetze des Tao. Wie solltest du dann Tao so erlangen, daß du es für dich zu eigen hast?»

[1] in dem Sinne, wie einem Abgeordneten oder Vertreter Vollmacht übertragen wird (Anmerkung des Übersetzers).

Just wie keiner das Leben besitzen kann, so kann keine Vorstellung, die einer besitzen mag, es auf eine Formel bringen. Die Vorstellung von Besitz ist trügerisch; denn abgesehen davon, daß alles schließlich vergehen oder eine andere Form annehmen muß und nicht ewig am selben Ort verharren kann, liegt dem Besitz der Wunsch zugrunde, die Dinge möchten sich in keiner Weise wandeln, und dies ist eine völlige Unmöglichkeit. Wenn also Leben sich nie festhalten läßt, wie kann es dann verstanden werden? Wie kann Wahrheit erkannt werden, wenn sie sich niemals aussprechen läßt? Zen würde antworten: «Dadurch, daß man nicht versucht, sie festzuhalten oder auszusprechen.» Und dies ist das buddhistische Grundideal des Nichthaftens oder das taoistische Ideal des *Wu-wei*.

Doch Buddhismus und Taoismus sagen nicht bloß, man könne niemals etwas besitzen. Sie erklären, daß jene, die besitzen wollen, tatsächlich *Besessene* sind, Sklaven ihrer Wahnvorstellungen vom Leben. Geistige Freiheit ist eben jenes Vermögen, so spontan und ungefesselt zu sein wie das Leben selber, zu sein «wie der Wind, der da wehet wo er will, du hörest sein Rauschen wohl, aber kannst nicht sagen, von wannen er kommt und wohin er geht.» «Ebenso», sagt Jesus, «ist jeder, der vom heiligen Geist geboren ist.» Doch Nichthaften bedeutet nicht, von den Dingen weg zu einer stillen Klause flüchten; denn wir können den eigenen Wahnideen vom Leben niemals entlaufen. Wir tragen sie mit uns, und wenn wir sie fürchten und ihnen entrinnen wollen, so bedeutet dies, daß wir doppelt versklavt sind. Denn ob wir uns in unserm Wahndenken gefallen oder uns fürchten davor, so oder anders sind wir besessen davon. Deswegen bedeutet das «Nichthaften» der Buddhisten und Taoisten nicht eine Flucht vor dem Leben, sondern ein Fortschreiten *mit* ihm. Denn Freiheit gewinnt man durch völliges Hinnehmen der Wirklichkeit. Wer in seinem Wahn verharren möchte, bewegt sich am liebsten gar nicht. Wer ihn fürchtet, weicht zurück und verstrickt sich in ärgeren Wahn. Hingegen wer ihn besiegt, der «schreitet weiter».

Somit ist die Armut des Zenschülers die negative Seite seiner geistigen Freiheit. Er ist arm in dem Sinne, daß seine Seele nicht beladen ist mit materiellen und intellektuellen *impedimenta* – das bezeichnende lateinische Wort für hinderndes «Gepäck». Diese Gemütslage ist die Verwirklichung der Mahayana-Lehre von *Shunyata*, der Leerheit aller vergänglichen Dinge. Nichts läßt sich greifen, denn alles ist Leere. Noch gibt es etwas, welches greifen könnte; denn auch das Ich ist Leere. Darum erklärt das *Yuen-Chioh Sutra*, alle Einzeldinge seien «wie ziehende Wolken, wie der schwindende Mond, wie Schiffe, die auf dem Ozean segeln, wie Gestade, die weggewaschen werden», und die Zenmeister, denen die Vergänglichkeit der äußern Welt, ihrer eigenen Vorstellungen und vollends ihres Ich klar geworden, lassen ab, sich an diese flüchtigen Formen zu klammern. Nach den Worten des *Dhammapada* sind sie «jene, die keinen Besitz haben ... die durch ihre Einsicht in die Leerheit dessen, was vergänglich ist, die ursachlose und unbedingte Freiheit verwirklicht haben – der Pfad dieser Männer läßt sich unmöglich aufspüren, so wenig wie der Zug der Vögel am Himmel sich verfolgen läßt.» Denn das Zenleben bewegt sich nicht in vorgezeichneten Geleisen. Es ist Freiheit des Geistes und wird durch äußere Umstände oder eigenen Wahn nicht gefesselt. Sein Wesen ist derart, daß es sich mit Worten nicht beschreiben läßt, und am nächsten kommt man noch mit Gleichnissen an es heran. Es ist wie der Wind, der sich über die Erde fortbewegt, an keinem besondern Ort verweilend, an kein besonderes Ding sich heftend, immer dem Steigen und Fallen des Geländes sich anpassend. Wenn solche Bilder den Eindruck einer träumerischen Läßlichkeit erwecken, so bleibt zu erinnern, daß Zen nicht immer einer sanften Brise gleicht wie der dekadente Taoismus; viel öfter ist es ein grimmiger Wind, der alles unbarmherzig vor sich her fegt, ein eisiger Sturm, der allen Dingen ins Mark dringt und sie völlig durch und durch bläst! Die Freiheit und Armut des Zen ist: alles zu lassen und «fortzuschreiten»; denn dies tut das Leben selber, und Zen ist die Religion des Lebens.

Darum ermahnen die Meister ihre Schüler, alles zu vergessen, was sie je gelernt, ehe sie Zen zu treiben begannen, sogar ihre Kenntnis des Buddhismus zu vergessen. Denn Buddha selber erklärte, seine Lehre sei lediglich ein Floß, den Strom zu überqueren. Nachdem das andere Ufer erreicht ist, muß man es zurücklassen; aber so manche seiner Nachfolger hielten das Floß fälschlicherweise für das andere Ufer. Doch diese negative Seite des Zen, dieses Aufgeben, ist bloß ein anderer Ausdruck für die Tatsache, daß alles aufgeben soviel ist wie alles gewinnen. «Wer sein Leben verliert, wird es gewinnen.» Suzuki weist darauf hin, daß, während es Sitte mancher Meister war, ihrer Armut Ausdruck zu geben, andere vielmehr auf die gänzliche Genüge der Dinge anzuspielen pflegten. So sagt Hsiang-yen:

> Meine Armut vorm Jahr war nicht Armut genug.
> Meine heurige Armut ist Armut fürwahr.
> Jene ließ noch Raum für des Bohrers Spitze.
> Doch der heurigen kommt auch der Bohrer nicht bei.

Mumon dagegen betont die andere Seite:

> Lenzblüten in Fülle – herbstlicher Mond –
> Ein erquickender Sommerwind – Winterschnee:
> Befrei deinen Sinn von eitlen Gedanken,
> Und zur Lust wird dir jegliche Jahreszeit.

Hierin liegt das Hinnehmen und Bejahen der jahreszeitlichen Wandlungen, und in derselben Weise werden Geburt, Wachstum, Verfall und Tod des Menschen von Zen hingenommen und bejaht. Es gibt da keinen Schmerz um Vergangenes, keine Furcht vor Kommendem. So gewinnt der Zenschüler alles, indem er alles hinnimmt. Das übliche Besitzenwollen aber ist Einbuße; es möchte Menschen und Dingen das Recht auf Leben und Wandel verweigern. Folglich ist der einzige Verlust in Zen der Verlust dieser Weigerung.

Nach alledem wird der abendländische Leser natürlich fragen, wo denn bei Zen die übliche Moralität bleibe. Jede Religion hat ihren Moralkodex, und Buddha faßte seine Lehre in die Worte:

> Laß ab, Übles zu tun;
> Lerne Gutes tun;
> Läutre dein eignes Herz!
> Dies ist der Weg des Buddha.

Man wird fragen, ob nicht eine schwere Gefahr liege in der Zengewohnheit, alle Dinge, gute und schlimme, als Kundgebungen der Buddhanatur anzunehmen; denn auf solcher Grundlage möchte es möglich sein, jede Art von Handlung zu rechtfertigen. In der Tat, hier liegt eine Schwierigkeit, mit der die Zenmeister nur zu häufig rechnen mußten. Die Schüler mochten oft genug das alles-umfassende Wesen des Zen zum Vorwand für bare Zügellosigkeit nehmen, und aus diesem Grunde beobachteten die Glieder von Zengemeinschaften eine strenge Disziplin. Die Lösung der Schwierigkeit ist, daß niemand sich an die Zenpraxis heranmachen sollte, ohne sich vorher einer gründlichen moralischen Zucht unterworfen zu haben. Sittlichkeit darf nicht mit Religion verwechselt werden, doch trägt sie uns eine gewisse Strecke weit gegen das Ziel. Uns ganz zu ihm hinbringen kann sie nicht, weil sie ihrem Wesen nach starr, vernunftmäßig und einschränkend ist; und Zen beginnt dort, wo Sittlichkeit aufhört. Zugleich ist Sittlichkeit so lange wertvoll, wie man in ihr ein Mittel zum Zweck sieht. Sie ist ein trefflicher Diener, aber ein schrecklicher Herr. Wenn der Mensch sie als Diener gebraucht, gibt sie ihm die Möglichkeit, sich der Gesellschaft einzupassen, mit Seinesgleichen reibungslos zu verkehren, und ganz besonders verschafft sie ihm Freiheit zur geistigen Entwicklung. Wenn sie sein Herr ist, wird er zum Frömmler, zur konventionellen Moralmaschine. Aber als Mittel zum Zweck ermöglicht sie soziales Leben, sichert den Menschen gegen Hinderungen von seiten der Mitmenschen. Und wenn sie auch nicht selber geistiges Verstehen erzeugt, so verschafft sie uns doch die zur geistigen Entfaltung nötige Freiheit. Einen Garten muß man in Ordnung halten, so daß die Pflanzen und Blumen sich gegenseitig nicht ersticken. Doch die Schönheit des Gartens liegt nicht so sehr in der Ordnung wie in den Dingen, deren Gedeihen sie ermöglicht hat. Und gerade wie der Garten geplant und kultiviert sein muß, ehe die Blumen wachsen können, so muß auch das Sittengesetz vor dem geistigen Gesetz gemeistert werden. Denn wie die Blumen sich gegenseitig ersticken möchten, so möchten auch die, welche dem Geiste folgen, zuchtlose Freigeister werden. Dennoch ist Sittlichkeit, im ethischen Sinne der Anpassung an die Gesellschaft, an sich keine hinreichende Vorbereitung für Zen. Etwas Stärkeres als sie ist vonnöten, soll die ungeheure Gewalt des Geistes im Menschen geboren werden, ohne daß er zum Amokläufer wird, und das ist Selbstzucht. Im vollsten Sinne des Wortes ist diese Tugend unter den Menschen selten, obschon keine Gesellschaft auf die Dauer ohne sie bestehen kann. Und der lange Bestand der chinesischen Kultur, im Vergleich zur altgriechischen, ist hauptsächlich dem Beharren des Konfuzianismus und des Buddhismus auf einer unbeugsamen Selbstzucht zuzuschreiben.

Deswegen haben die Zenmeister je und je auf einem strengen Moraltraining bestanden als auf einer Vorschule zur Zenpraxis. Man redet von dieser Zucht anschaulich als vom «langsamen Reifen im heiligen Mutterschoße», und zahllose Geschichten werden erzählt von der Disziplin, die sich die Meister in den Frühstadien ihrer Entwicklung auferlegten, davon, wie sie ihr Denken und

Fühlen völlig beherrschen lernten, wie sie gegen Frost und Schnee sich abhärteten, in zerfallenen Tempeln, wo es «keine Dächer gab und die Sterne des Nachts hereinschienen.» Es gibt eine bemerkenswerte Bilderreihe, bekannt als «Zehn Stufen geistiger Rinderhut», die diesen Punkt besonders gut erläutert. Die Aufgabe, Zen zu verstehen, wird dargestellt unter der Allegorie eines Mannes, der ein Rind (hier das Sinnbild des menschlichen Gemüts) einfängt und weidet. Man sieht auf zehn Bildern, wie das Rind aufgespürt, gefangen und gebändigt wird, bis es gutartig genug ist für den Mann, auf seinem Rücken heimzureiten. Dann wird das Rind vergessen und der Mann sitzt ruhig vor seiner Hütte. Das nächste Bild aber ist nur ein leerer Kreis und trägt den Titel «Rind und Mann, beide außer Sicht»; denn alle Täuschungen sind überwunden, und die ganze gegenständliche Welt wird als Leere geschaut. Doch dies ist noch nicht das Letzte; denn wenn der Schüler auch die Vergänglichkeit aller Formen erfaßt hat, so ist er doch mit dem Leben noch nicht in unmittelbaren Kontakt gekommen. Er hat die Dinge als solche für Blendwerk erkannt, allein er hat nicht ihre fundamentale Buddhanatur erfaßt. Deswegen betitelt sich das folgende Bild: «Heim zum Ursprung, zurück zur Quelle», und zeigt nur einen Baum und etwas Gebüsch am Ufer eines Wassers. Auf dem letzten dagegen sieht man den Bodhisattva – andern mitteilend, was er gefunden – in der Gestalt des runden, lustigen Pu-Tai – des Glücksgottes, der «mit segenschenkenden Händen in die Stadt einzieht». Im fünften Bilde, wo das Rind behutsam auf den Weg zurückgeführt wird, lauten die beigefügten Verse:

Von der Peitsch' und der Leine
Sollst du dich nimmer trennen.
In die Welt, die unreine,
Wird das Tier sonst rennen.

Gefügig wird's und rein
Durch Zucht und rechte Pflege.
Und ungefesselt, von allein
Wird es dir folgen allerwege.

Einschränkungen sittlicher Art können verabschiedet werden, wenn das Denken völlig unter Kontrolle und zur Annahme rechter Gewohnheiten gebracht ist. Aber erst im allerletzten Bilde «geht der Mann seinen eigenen Weg, ohne den Weisen des Altertums in ihren Fußstapfen zu folgen. Eine Kürbisflasche im Arm, begibt er sich auf den Markt. Auf einen Stab sich lehnend, kommt er nach Hause. Man trifft ihn in Gesellschaft von Weintrinkern und Schlächtern. Er und sie werden alle in Buddhas verwandelt.»[1]

---

[1] Suzuki, «Essays in Zen Buddhism», Ende des 1. Bandes. Andere Spielarten dieser Bilderreihe in seinem «Manual of Zen Buddhism».

III
DIE TECHNIK DES ZEN

Der Wortbeschreibung nach hat Zen mit manchen andern Religionen und Philosophien vieles gemein: Die Gedanken der Armut, der Freiheit, der geduldigen Hinnahme und des unmittelbaren Kontakts mit der Wirklichkeit, die in den früheren Kapiteln zur Sprache kamen, findet man auch im Taoismus, im Vedanta, im Sufitum und in den Schriften mancher christlicher Mystiker. Mag Zen in alledem immerhin etwas weitergehen als andere Systeme, so ist es doch keineswegs von Grund aus davon verschieden, was die letzte geistige Erfahrung anbetrifft. Einzigartig jedoch ist es in seinen Methoden. Während sonst kaum ein Kult dem Schicksal entging, im Laufe der Zeit vom Geiste seiner frühesten Bekenner abzufallen, war Zen imstande, jenen Geist bis auf den heutigen Tag zu bewahren. Nach mehr als 1400 Jahren ist es auf keine Weise zur bloßen Sophisterei entartet oder zur rein äußerlichen Befolgung von Vorschriften, deren ursprünglichen Sinn man nicht mehr kennt. Es gibt dafür zwei Gründe: Erstens, der Prüfstein des Zen ist eine so bestimmte geistige Erfahrung, daß darüber kein Mißverständnis möglich ist. Und zweitens, die alten Meister ersannen zur Weitergabe ihrer Lehre ein Mittel, das der Verstand niemals wegdisputieren kann – ein Mittel, das, wenn überhaupt angewendet, als einziges Resultat nur eben diese geistige Erfahrung herbeiführen kann. Diese beiden Faktoren sind nicht zu trennen. Der erste ist bekannt als *Satori*; den andern kennt man unter dem Namen *Koan*[1].

Satori ist, was die Art seines Eintretens und seine Wirkung auf den Charakter anlangt, ein bestimmtes Erlebnis. Im übrigen bleibt es unbestimmbar, unaussagbar; denn es ist die plötzliche Verwirklichung der Wahrheit des Zen. Seinem Wesen nach ist Satori ein unerwartetes Erlebnis, und man beschreibt es öfter als ein «Umschlagen» des Gemüts, so wie eine Waage plötzlich umschlägt, wenn man in eine der Schalen so viel Material schüttet, daß das Gewicht der andern überwogen wird. Deswegen ist es ein Erlebnis, das im allgemeinen eintritt, nachdem man sich lange und konzentriert bemüht hat, die Bedeutung des Zen zu ergründen. Sein unmittelbarer Anlaß kann das trivialste Ereignis sein, seine Wirkung dagegen ist von den Zenmeistern mit den erstaunlichsten Ausdrücken geschildert worden. Ein Meister schrieb von seinem eigenen Erlebnis: «Es war über alle Beschreibung und völlig unmitteilbar; denn es gibt nichts in der Welt, dem es sich vergleichen ließe ... Als ich rundum und nach oben und unten blickte, erschien mir die ganze Welt mit ihren unzähligen Sinnendingen gänzlich verwandelt. Was vorher widerwärtig war, Unwissenheit und Leidenschaften eingeschlossen, das enthüllte sich jetzt als ein bloßer Ausfluß meiner eigenen innersten Natur, die in sich selber leuchtend, wahr und von durchsichtiger Reinheit blieb.» – Ein andrer schrieb: «Wie viele Zweifel und Bedenklichkeiten ich zuvor hatte, alles war restlos weggeschmolzen wie ein Stück tauenden Eises. Ich rief laut: ‚Wie

[1] Zweisilbig zu sprechen: Ko-an.

wunderbar! Wie wunderbar! Es gibt nicht Geburt noch Tod, denen man zu entrinnen hätte, noch gibt es ein höchstes Wissen, wonach man streben müßte!'»

Einige Schilderungen übertreffen selbst diese noch an Lebendigkeit. In manchen Fällen schien es, als ob der Boden aus dem Universum herausgefallen, als ob das Drückende der äußeren Welt wie ein riesiger Eisberg plötzlich weggeschmolzen wäre; denn Satori ist ein Loskommen von unserer gewohnheitsmäßigen Spannung, vom Sichklammern an falsche Eigentumsbegriffe. Das ganze starre Gefüge, das der Mensch sich zur Lebensdeutung üblicherweise zurechtzimmert, bricht auf einmal auseinander, was ein Gefühl von schrankenloser Freiheit zur Folge hat. Und das Merkmal echten Satoris ist, daß, wer es erfährt, nicht im geringsten an der Vollkommenheit seiner Befreiung zweifelt. Bleibt irgendwo die mindeste Ungewißheit, das leiseste Gefühl «dies ist zu gut, um wahr zu sein», dann war Satori nur unvollständig; denn es blieb das Verlangen, sich an das Erlebnis zu klammern, damit man es nicht verliere; und bevor man jenes Verlangen überwindet, kann Satori nie vollkommen sein. Der Wunsch, Satori festzuhalten, sich seines Besitzes zu versichern, tötet es auf eben die Weise, wie es jede andere Erfahrung tötet. Indessen: unsere eigene Gewißheit ist nicht der einzige Prüfstein für Satori. Der erfahrene Meister kann unverzüglich sagen, ob der Schüler irgendwelche Zweifel hegt, zunächst rein intuitiv und dann, indem er den Schüler mit einem Koan prüft.

Ist Satori somit «der Maßstab für Zen», weil es ohne dasselbe Zen überhaupt nicht geben kann, so ist anderseits das Koan der Maßstab für Satori. Buchstäblich bedeutet das Wort Koan: «eine öffentliche Urkunde», doch mit der Zeit bezeichnete man damit eine Fragestellung, die sich auf Handlungen und Aussprüche berühmter Meister gründete. Es ist ein Problem, das keine verstandesmäßige Lösung zuläßt. Die Antwort entbehrt der *logischen* Verknüpfung mit der Frage, und die Frage selber ist von solcher Art, daß sie des Verstandes spottet. Hier ein paar Beispiele:

«Ein Schall entsteht beim Zusammenschlagen zweier Hände. Welch ein Schall entsteht beim Zusammenschlagen *einer* Hand?»

«Vor langer Zeit hielt ein Mann eine Gans in einer Flasche. Sie wuchs und wuchs, und zuletzt kam sie aus der Flasche nicht mehr heraus. Der Mann wollte weder die Flasche zertrümmern noch die Gans verletzen. Wie würdest du sie herauskriegen?»

Die nächste Frage war zum Hänseln der Mahayana-Metaphysiker, welche behaupteten, daß in all den zahllosen Dingen des Universums die *eine* Wirklichkeit sich kundgebe:

«Hat man das Viele auf das Eine zurückgeführt, worauf soll dann das Eine zurückgeführt werden?»

«Ein Mann ist auf einen Baum geklettert, hält sich bloß mit den Zähnen an einem Zweige fest, während sein Körper frei in der Luft baumelt. Ein andrer, der unten steht, fragt ihn: ‚Was ist Zen?' Gibt er keine Antwort, so kann er den Frager nicht befriedigen. Spricht er aber nur ein einziges Wort, so muß er sich zu Tode fallen. Was würdest du, wärest du er, in solcher Lage antworten?»

Uns Abendländern mögen diese Koans wie reiner Unsinn anmuten. Doch wolle man beachten, daß sie samt und sonders ein einziges Koan enthalten, und zwar in einer Art von Dilemma. Es gibt da gewöhnlich die Wahl zwischen einem Entweder und einem Oder, wovon aber das eine so unmöglich ist wie das andere. Darum spiegelt jedes Koan das ungeheure Koan des Lebens wieder; denn für Zen liegt das Problem des Lebens darin, über das Entweder-Oder, über den Gegensatz von Ja und Nein, welche beide die Wahrheit verdunkeln, hinauszukommen. Darum ist ein minder «unsinniges» Koan das schon zitierte: «Über Ja und Nein hinaus sprich ein Wort von Zen, oder du kriegst dreißig Stockhiebe!» Jedes Koan muß zuletzt in diese Sackgasse führen. Man fängt damit an, seinen Scharfsinn an ihm zu erproben. Man entdeckt, daß es ein gewisses Quantum Symbolik und Analogie enthält. So finden wir in der Geschichte von der Gans, die Gans bedeute den Menschen und die Flasche seine Lebensumstände. Der Mensch muß entweder die Welt aufgeben, um sich von ihr zu befreien oder muß von ihr zerrieben werden, aber das eine wie das andere käme dem Selbstmord gleich. Welchen Zweck soll es haben, wenn man die Welt aufgibt? Und was ist gewonnen, wenn wir uns von ihr zerreiben lassen? Hier liegt das Grunddilemma, vor das der Zenschüler gestellt wird, und irgendwie muß er einen Durchweg finden. Im Augenblick, wo er ihn findet, fällt der Satori-Blitz: Die Gans ist heraus und die Flasche unversehrt; denn mit eins ist der Schüler der Haft seines eingebildeten Kerkers entwischt – der starren Lebensanschauung, die er, aus seinem Wunsch nach Besitz heraus, selber geschaffen. Deswegen antwortete ein Meister auf die Frage: «Wie mag ich dem Kreislauf von Geburt und Tod entrinnen?» – «Wer setzt dich denn in Haft?»

Manche Gelehrte des Westens stehen unter dem Eindruck, Zenmeditation (d. h. Arbeit am Koan) sei eine Art Selbsthypnose, darauf abzielend, einen Trancezustand herbeizuführen. Zufolge dieses Eindrucks ist Zen von Arthur Waley als «Quietismus», von Reischauer als «mystische Selbstberauschung» und von Griffiths als «Gedankenmord» und «Fluch müßigen Träumens[1]» bezeichnet worden. Das genaue Gegenteil ist wahr. Die Arbeit am Koan, soll sie erfolgreich sein, darf nichts von quietistischer Passivität an sich haben. Was den Vorwurf des «Gedankenmords» und den «Fluch müßigen Träumens» betrifft, so möchte ein Aufenthalt von wenigen Tagen in einer Zengemeinschaft jeden Verdacht müßigen Träumens erledigen; und die Anklage, Zen sei Gedankenmord, ist ebenso haltlos wie die Beschuldigung, daß es jedes sittliche Gefühl in Unordnung bringe. Denn der Verstand ist wie die Sittlichkeit ein guter Diener und ein schlechter Herr. Und weil die Menschen in der Regel durch ihre intellektuellen Denkgewohnheiten versklavt werden, zielt Zen darauf ab, das Denken zu meistern und zu übersteigen; dabei bleibt dieses – wie im Falle der Gans und der Flasche – gleich der Flasche unversehrt. Denn das Koan ist nicht ein Mittel, in Trance zu geraten, als ob eine Art Trance für menschliche Wesen die höchstmögliche Errungenschaft wäre. Es ist bloß ein Mittel

[1] Religions of Japan S. 255.

zum Durchbrechen einer Schranke oder, wie die Zenmeister es ausdrücken, es ist ein Stein, womit man an eine Türe pocht. Wird die Tür aufgetan, so mag man den Stein wegwerfen; und diese Tür eben ist die starre Schranke, die der Mensch zwischen sich und der geistigen Freiheit aufrichtet. Wenn die Tür im Augenblick von Satori sich öffnet, dann geht der Schüler nicht in Trance über, sondern in eine neue Einstellung zum Leben, die sich in einem Bilde niegeschauter Schönheit spiegelt. Solche falsch berichteten abendländischen Kritiker müssen das wirkliche Zen mit einer abgespalteten Sekte verwechseln, die mit Gewißheit auf die Zeit Hui Neng's, des sechsten Patriarchen, zurückgeht. Dieser bemerkte einmal, es gäbe Schüler, die sich einbildeten, alles, was man zu tun habe, sei, mit vollkommen leerem Gemüt unbeweglich still zu sitzen. Aber bei mehr als einer Gelegenheit sagte er mit Nachdruck, solche Menschen seien nicht besser als leblose Gegenstände, als Holzklötze und Steinblöcke.

Weit entfernt, eine Übung im Nichtstun zu sein, bedeutet das Koan die gewaltigste seelische und geistige Anspannung und erheischt dasjenige, was die Meister als einen hervorragenden Forschermut bezeichnen. So schreibt Meister Ku-mei Yu: «Einmal vor deine Seele gehoben, laß dir das Koan nicht mehr entgleiten! Suche mit aller Beharrlichkeit, die du aufbringen kannst, in den Sinn des dir aufgegebenen Koan zu schauen, und werde nie wankend in deinem Entschluß, der Sache völlig auf den Grund zu gehen. Mache nicht ein Rätselraten aus deinem Koan; suche nicht im Schrifttum, das du studiert hast, nach seiner Bedeutung. Rück ihm stracks zu Leibe, ohne dich auf irgendwelche mittelbare Hilfe zu stützen.» Sobald die Arbeit an einem Koan anhebt, pflegt eine ganze Masse von Vorstellungen im Innern aufzusteigen – symbolische Bedeutungen, Ideenverknüpfungen, mögliche Lösungen und aller Art schweifende Gedanken. Diese müssen unbarmherzig beiseite geschoben werden, und je hartnäckiger sie sich aufdrängen, desto angespannter muß der Schüler sich auf das Koan selber konzentrieren, und das Dilemma, vor das es ihn stellt, zu durchstoßen trachten. Von Zeit zu Zeit wird der Meister den Schüler befragen, um festzustellen, wie es um seinen Fortschritt steht. Und so oft der Schüler eine rein verstandesmäßige, logisch ausgedachte Lösung bietet, wird ihn der Meister tadeln und zu einem neuen Versuch anhalten. Gewöhnlich dauert dieser Prozeß mehrere Jahre lang, bis der Schüler endlich in einer völligen Sackgasse steckt. Ihm wird mählich klar, daß jede intellektuelle Lösung nichtig ist. Er erreicht jetzt einen Zustand, wo das im Koan beschlossene Lebensdilemma eine übermächtige Wirklichkeit wird und ein Problem von solcher Dringlichkeit, daß man es mit einer Kugel rotglühenden Eisens verglichen hat, die einem in der Kehle steckt. Rein philosophisch mögen wir vollkommen verstehen, es sei die große Lebensaufgabe, die Gans derart aus der Flasche zu kriegen, daß beide unverletzt bleiben; über Ja und Nein hinauszugelangen; loszukommen von der unmöglichen Alternative, entweder die Welt zu überwinden, indem man alle Dinge zu besitzen sucht, oder uns von den Umständen völlig beherrschen zu lassen.

Allein, das bedeutet nicht, daß wir die Aufgabe als allerdringlichste Notwendigkeit empfinden. Wir haben die Wahl zwischen unserer Selbstbehauptung gegenüber der Welt, dem Versuch, uns alle Dinge gefügig zu machen; und anderseits der gänzlichen Kapitulation vor dem «Schicksal», dem Verzicht auf unsere Fähigkeit, selber etwas zu erreichen. Die meisten von uns meiden das Letztgenannte und suchen mit unzulänglicher Kraft, das Erste zu verwirklichen, wobei wir uns fest an unsern innern und äußern Besitz klammern und unsere Schätze nach und nach zu mehren hoffen. Und wenn jenes Entweder vielleicht niemals erreichbar ist (weil die Gegenstände unseres Begehrens, je eifriger wir danach haschen, desto hurtiger entschwinden), so erfüllt uns der Gedanke an das Oder mit den Schaudern ewigen Todes. Wenn uns dieser je als ein Problem gegenübertritt, dann bloß auf eine mittelbare und philosophische Weise. Er scheint in solcher Ferne zu liegen wie das jüngste Gericht; und weil uns bis dahin eine Menge Zeit bleibt, können wir hoffen, daß eine Lösung vielleicht plötzlich auftauchen werde.

Doch die Arbeit am Koan macht das Problem zur unmittelbaren Wirklichkeit. Und wenn der Schüler endlich da steht, wo es keinen Ausweg mehr gibt, wird er mit einer Ratte verglichen, die einen blinden Schacht hinaufgerannt ist; einem Manne, der, auf der Flucht vor rasenden Flammen, das Ende eines Mastes erklettert oder den Rand eines Abgrundes erreicht hat. Just wenn dies hoffnungsloseste Stadium erreicht ist, drängt der Meister seine Schüler, ihre Bemühungen zu verdoppeln. Ein Weg vom Mastende weg muß gefunden werden, und die Ratte muß mit ihrer ganzen Kraft durch die Schachtwand brechen. In einem Werk des Meisters T'ui-yin, betitelt «Spiegel für Zenschüler», wird gesagt: «Während die Untersuchung ständig und ununterbrochen weitergeht, wirst du gewahr, daß kein vernünftiger Leitfaden in dem Koan ist, daß er des Sinnes, wie du das Wort gewöhnlich verstehst, gänzlich entbehrt, daß er durchaus schal ist, ohne jeden Geschmack, nichts Appetitanregendes an sich hat, und daß ein gewisses Gefühl von Unbehagen und Ungeduld in dir aufkommen will.» Nach einer Weile verstärkt sich dies Gefühl, und das Koan wird so niederdrückend, so undurchdringlich, daß der Schüler einer Mücke verglichen wird, die ein Stück Eisen anzubeißen versucht. Doch «im Augenblick, wo das Eisen deinen schwachen Rüssel vollends abweist, vergissest du dich dieses eine Mal. Du dringst durch, und das Werk ist vollbracht.» Dieser Augenblick läßt sich nur so erklären, daß man sagt, es ist die Zeit, wo die Fesseln des Wahns unter des Schülers angestrengtem Willensdruck plötzlich entzweibrechen. Die Koan-Übung ist mithin ersonnen, das Denken aufs höchste zu konzentrieren und den Willen aufs äußerste anzuspannen. Und in seinen späteren Stadien wird Willensanspannung schon allein durch die wachsende Schwierigkeit der Aufgabe hervorgerufen. Wenn also der Schüler endlich vor dem entscheidenden Dilemma steht, wird er ihm mit seiner ganzen Kraft entgegentreten, und indem die gewaltige Kraft seines Wollens auf den hartnäckigsten Widerstand des Koan stößt, geschieht etwas: Just im Moment des «Aufschlags», wenn die Mücke das Eisen anpickt, zuckt der Satori-Blitz, und dem Schüler wird klar, daß am Ende nichts darinnen war! «Nichts bleibt dir in diesem Augenblick», schreibt ein Meister, «als in ein schallendes Gelächter auszubersten.»

Unser einziges Mittel, das Warum und Wofür dieses Erlebens aufzudecken, besteht darin, daß wir uns den Aussprüchen der Zenmeister selber zuwenden und prüfen, ob sich aus ihren Schilderungen von der Art und Weise, wie es über sie kam, etwas gewinnen läßt. Ein gutes Beispiel liefert uns Hakuin, welcher dies letzte Stadium der Koan-Übung folgendermaßen beschreibt: «Wenn der Schüler selbständig mit dem Koan ringt, wird er eines Tages merken, daß er die Grenze seiner seelischen Spannung erreicht hat, und er wird zu einem Stillstand gebracht. Gleich einem, der über dem Abgrund hängt, weiß er durchaus nicht mehr, was er zunächst tun soll! ... Da, auf einen Schlag, findet er sich – Seele und Leib – zusamt dem Koan aus dem Dasein ausgewischt. Dies ist es, was man als ‚Loslassen‘, ‚Fahrenlassen‘ bezeichnet. Während du aus der Betäubung erwachst und wieder zu Atem kommst, ist es, wie wenn du Wasser trinkst und unmittelbar spürst, daß es kalt ist. Es wird eine unaussprechliche Wonne sein.» Die Worte, auf die es in diesem Zitat ankommt, sind «Fahrenlassen». Denn wenn das Koan aufgefaßt wird als ein Mittel, das gewaltige Koan des Lebens im Kleinen darzustellen, das große Dilemma, das jedem Wesen, ob auch unbewußt, zu schaffen gibt, dann läßt sich, ebenso wie das Leben selber, das Koan niemals festhalten. Die Zenmeister unterschieden zwei

Arten von Sätzen *(chü)*: tote und lebendige. Als tot galten, die der logischen Zergliederung und Auflösung zugänglich waren, und als lebendig jene, die sich niemals auf ein festes Deutungsverfahren zurückführen ließen. Koans gehören zu der zweiten Art; denn sie haben teil am ausweichenden und begrifflich unbestimmbaren Charakter des Lebens. Wenn also der Schüler auf den entscheidenden Punkt gelangt, wo das Koan sich jedem Begreifen unbedingt versagt, wird ihm zugleich klar, daß auch das Leben sich nie begreifen, besitzen oder zum Stillstand bringen läßt. Worauf er es «fahren läßt», und dies Fahrenlassen ist die Hinnahme des Lebens *als* Leben, als das, was sich zu niemandes Eigentum machen läßt, was immerfort frei und ursprünglich und schrankenlos ist. Das Koan ist ein Weg, das Kernproblem des Lebens in gesteigerter Form sichtbar zu machen. Denn die endliche Ausweglosigkeit des Koan, der lebendigen Redensart, verschlimmert noch die Sackgasse, in die jene stets hineingeraten, die irgend ein Lebendiges zu packen suchen, mit dem Wunsch, es zu besitzen und sein Leben dem ihrigen ausgeliefert zu sehen. Aber sie können nie wirklich sein Leben fest in die Hand bekommen. Alles, wessen sie habhaft werden können, ist sein Leichnam, der zudem in kürzester Frist zerfallen muß. Deswegen wird dem Zenschüler etwas gegeben, was sich durch begriffliche Bestimmung und Zergliederung nicht töten läßt. Er muß versuchen, es lebend festzuhalten, und sobald ihm endgültig und unbedingt klar wird, daß es nicht greifbar ist, läßt er los, in blitzartigem Erkennen, welch ein Tor er gewesen, den Dingen das Lebensrecht zu weigern, als er sie sich anzueignen suchte. Darum erlangt er in diesem Augenblick Freiheit des Geistes; denn er vergegenwärtigt sich, wieviel Leid dem Menschen aus seinem Versuch erwächst, den Wind in einen Schlauch zu schließen oder das Leben lebendig zu erhalten, ohne daß er es leben läßt.

Es gibt natürlich mancherlei Stufen von Satori, und um die höchste von ihnen zu erlangen, ist es nötig, an vielen Koans zu arbeiten. Es soll deren insgesamt 1700 geben, und wenn auch der Schüler schwerlich alle auflösen muß, ehe sein Verständnis des Zen vollkommen ist, so geschieht es doch selten, daß eines allein schon zur letzten Erleuchtung genügt. In den frühen Stadien der Zenpraxis pflegt der erleuchtende Blitz nur wenige Sekunden zu dauern, mit der Zeit jedoch länger anzuhalten, bis endlich der Schüler ein Satori hat, das jeden Schatten von Zweifel und Ungewißheit hinwegfegt. Es gibt gewisse Ähnlichkeiten zwischen Satori und der «jähen Bekehrung» im Christentum. William James erwähnt für die letztere ein paar beachtliche Beispiele in seinen «Varieties of Religious Experience», und es ist lehrreich, sie mit den Aufzeichnungen zu vergleichen, welche die Zenmeister hinterlassen haben. James führt den Fall eines Mannes an, welcher beten wollte. Aber so oft er versuchte, Gott anzurufen, fühlte er, daß etwas ihm die Kehle zuschnürte:

«Schließlich sagte etwas in mir: 'Wage das Sühnopfer, denn du wirst ohnehin sterben, wenn du es nicht tust.' So rang ich mit letzter Kraft darnach, Gott um Gnade zu bitten, mit dem nämlichen Gefühl des Würgens, entschlossen, das Gebet zu Ende zu sprechen, auch wenn ich dabei ersticken und sterben sollte; und das letzte, dessen ich mich entsinnen kann, ist, daß ich rücklings zu Boden fiel, mit der selben unsichtbaren Hand an meiner Kehle ... Als ich wieder zu mir kam, schienen die Himmel selber aufgetan und einen Strahlenregen lichtester Glorie herabzugießen. Nicht bloß für einen Augenblick, nein, Tag und Nacht hindurch schienen Ströme von Licht und Glorie durch meine Seele zu fluten. Und o! Wie war ich verwandelt und wie wurde alles neu. Meine Pferde und Schweine und alle Menschen[1] schienen ausgewechselt.»

James zeigt, daß fast jedem Fall der plötzlichen Bekehrung ein Gefühl bitterster Verzweiflung und Elendigkeit vorangeht, etwas der Ausweglosigkeit des Koan Vergleichbares. Er bemerkt, die protestantische Theologie mit ihrer Betonung der wesentlichen Sündhaftigkeit und Ohnmacht des Menschen eigne sich besonders für ein derartiges Erleben. «Wenn die Schwermut aufs höchste steigt, vermag das Ich, das bewußt *ist*, absolut nichts. Es sieht sich völlig bankerott, ohne Trost und Hilfe, und nichts von all dem, was es vollbringen kann, will ihm frommen.» Es folgt dann die gänzliche Übergabe der Seele an Gott, die in einiger Hinsicht dem ähnlich ist, was Hakuin als «Fahrenlassen» beschreibt. Ein französischer Protestant, Adolphe Monod, sagt in seinem Bericht über sein eigenes Bekehrungserlebnis: «Auf jedes Verdienst dann verzichtend, all meine persönlichen Kraftquellen preisgebend und keinen andern Anspruch auf Seine Gnade anerkennend als mein eignes grenzenloses Elend ... begann ich zu beten, wie ich im Leben nie zuvor gebetet hatte.» Manche Konvertiten sprechen von den Folgen dieser letzten Hingabe, als ob man durch sie einen ganz neuen Ausblick auf das Leben gewänne, wo-

[1] Sic! (Anmerkung des Übersetzers.)

bei alle Dinge verwandelt und mit Gottes Glorie erfüllt würden. Hier ist es lehrreich, die Zeugnisse der Zenmeister von den Nachwirkungen des Satori daneben zu halten. Hakuin sagt: «Es ist, wie wenn man Wasser trinkt und unmittelbar spürt, daß es kalt ist. Es wird eine unaussprechliche Wonne sein.» Ein andrer, schon erwähnter Zenmeister ist noch nachdrücklicher, wenn er sagt: «Als ich rundum und nach oben und unten blickte, erschien mir die ganze Welt mit ihren unzähligen Sinnendingen gänzlich verwandelt. Was vorher widerwärtig war, Unwissenheit und Leidenschaften eingeschlossen, das enthüllte sich jetzt als ein bloßer Ausfluß meiner eigenen innersten Natur, die in sich selber leuchtend, wahr und von durchsichtiger Reinheit blieb.»

Noch ein anderer drückt sich in Versen aus:

> O dies Ereignis ohne gleichen! Freudig
> Gäb ich dafür zehntausend Stücke Goldes.
> Das Haupt beschirmt, den Bündel um die Lende,
> Trag ich auf meinem Stab die kühle Brise
> Zusamt dem vollen Mond ...

Hier wird deutlich, daß in des Mönches herkömmlichem Mooshut, seinem Reisebündel, der Brise und dem Mond etwas ganz und gar Neues gefunden wurde. Dann ist da die Geschichte des Meisters Yao-shan:

> Eines Abends klomm er
> den einsamen Gipfel hinan.
> Hüllenlos im Gewölke schaut' er den Mond.
> Wie herzhaft scholl da sein Lachen!

Noch einmal müssen wir denken an P'ang-yün's

> Wie wunderbarlich über die Natur
> Und wie erstaunlich dies:
> Ich schöpfe Wasser, schleppe Feuerholz!

Kehren wir vom Zen zum Christentum zurück, so finden wir etwas diesem eng Verwandtes in einer andern von James zitierten Urkunde:

> «Ich bat um Gnade und hatte ein lebendiges Gefühl von Vergebung und Erneuerung meines Wesens. Von den Knien mich erhebend rief ich aus: ‚Das Alte ist vergangen, alle Dinge sind neu geworden.' Es war wie das Eintreten in eine andere Welt, in einen neuen Seinszustand. Die natürlichen Dinge wurden verklärt, mein geistiges Schauen so gereinigt, daß ich Schönheit sah in jedem stofflichen Ding dieser Welt. Die Haine waren tönend von himmlischer Musik.»

Doch die Zenmeister sind feiner und zurückhaltender in ihren Anspielungen auf die Wonnen ihres neuen Lebens. Aus gewissen Gründen geben sie sich dabei nicht so feierlich wie die christlichen Mystiker, und nur selten reden sie von ihrem Entzücken über den unermeßlichen Schatz, den sie gefunden. Sie schildern in der Regel höchst lebendig den erleuchtenden Blitz, der das ganze Universum aus den Angeln zu heben scheint; aber bezüglich dessen, was folgt, machen sie bloß Andeutungen und reden davon in den sachlichsten Ausdrücken. So schreibt Chao-pien:

> Ein jäher Donnerschall – die Seelentore fliegen auf –
> Und sieh: da sitzt der Greis (das Buddhawesen),
> In seiner ganzen Einfachheit.

Und dann verweisen sie auf ihre Selbstverwirklichung in Worten der Alltagssprache; denn ihr Zweck ist, Zen als etwas vollkommen Natürliches zu zeigen, etwas dem gewöhnlichen Leben aufs engste Verwandtes; der Buddha jedoch ist eben «der Greis in seiner ganzen Einfachheit». Er ist die ganze Zeit her dagewesen, denn er wohnt im Alltagsleben, aber niemand erkennt ihn!

Es gibt eine berühmte Zenparabel, die diese besondere Einstellung zum Leben auf eine zusammenfassende Formel bringt: Denen, die von Zen nichts wissen, heißt es, sind Berge nur eben Berge, Bäume nur eben Bäume und Menschen nur eben Menschen. Nachdem man Zen kurze Zeit studiert hat, wird die Nichtigkeit und Flüchtigkeit aller Formen wahrgenommen, und Berge sind nicht länger Berge, Bäume nicht länger Bäume und Menschen nicht länger Menschen. Denn während unwissende Leute an die Wirklichkeit der gegenständlichen Dinge glauben, sehen die halbwegs Erleuchteten, daß sie bloß Erscheinungen sind, daß sie keine bleibende Realität besitzen und wie ziehende Wolken entschwinden. Indessen – so schließt die Parabel –, dem, der ein volles Verständnis für Zen gewonnen, sind Berge wiederum Berge, Bäume wiederum Bäume und Menschen wiederum Menschen.

Während also die Hauptmerkmale von Satori und plötzlicher Bekehrung dieselben sind, werden sie auf sehr verschiedene Weise angegangen und ausgelegt. Zuvörderst glaubt man, Bekehrung komme zu wesentlich verderbten Menschen von einem äußeren Gott; Satori dagegen ist die Verwirklichung unseres eigensten und innersten Wesens. Bekehrung findet statt, wenn etwas von außen her kommt und die Welt umwandelt; Satori dagegen heißt: die Welt just so sehen, wie sie in Wahrheit ist. Denn für Zen ist das Übernatürliche natürlich, für das Christentum ist es etwas, das der Natur auf keine Weise innewohnt. Es wird zu gewissen Zeiten durch Gottes Gnade *an* die Natur herangebracht: Der Himmel senkt sich auf die Erde nieder und überlagert die Natur.

Aber in Zen gibt es keine Zweiheit von Himmel und Erde, Natürlichem und Übernatürlichem, Menschen und Gott, Stofflichem und Geistigem, Sterblichem und Unsterblichem; denn gewöhnliche Menschen und Buddhas, Samsara und Nirvana, Avidya (Nichtwissen) und Bodhi (Erleuchtung) sind ein und dasselbe. Es ist des Menschen eigene Vorstellung, die den Unterschied bewirkt und

> Sein eigner Ort ist Denken, selber macht es
> Zum Himmel Hölle und zur Hölle Himmel.

Deswegen ist das Denken der Schlüssel zum Leben; denn im Banne der Selbsttäuschung schafft es Verwirrung und, wenn aufgeklärt, offenbart es die Buddhanatur. So besteht im Zen, wie in fast allen Religionen des Ostens, die wesentliche Aufgabe in der Meisterung des Denkens. Dies wird vornehmlich durch die Koan-Übung bewerkstelligt, und zur Förderung dieser Aufgabe haben die Zenmeister eine Meditationstechnik oder Za-zen entwickelt, die den Schüler befähigt, den Körper zu lockern, schweifende Gedanken zu unterdrücken und seine Nervenenergie aufzuspeichern, so daß er seine ganze Kraft dem Koan widmen kann. Die Elemente von Za-zen wurden vermutlich vom indischen Yoga übernommen; denn es wird dabei eine ähnliche Körperhaltung beobachtet und auf richtige Atmung wird größte Sorgfalt und Aufmerksamkeit gewendet. Die Ziele von Yoga und Za-zen scheinen jedoch ziemlich verschieden zu sein[1]; denn von den vielerlei Arten von Trance, welche die

---

[1] Trotz dem Unterschied der Methoden gibt es Yogameister, die auch Zenmethoden anwenden. Das letzte *Ziel* im Yoga und im Zen ist zweifellos dasselbe (Anm. d. Übers.).

Yogapsychologie so wichtig nimmt, raten die Zenmeister entschieden ab. Sie weisen darauf hin, daß, obschon bestimmte Trancezustände vielleicht eintreten, sie doch keineswegs der Zweck der Übung sind. Sie erklären vielmehr, Weisheit könne nicht dadurch erlangt werden, daß man diese unbeweglichen und unirdischen Bewußtseinszustände anstrebe; fordert die chinesische Denkweise doch etwas Vitaleres und gleichzeitig Praktischeres. Damit soll nicht gesagt sein, Za-zen sei richtig, Yoga dagegen verkehrt. Es heißt vielmehr bloß, daß unterschiedliche Denkweisen auf unterschiedlichen Wegen Erleuchtung finden wollen. Was für den Inder richtig sein mag, ist für den Chinesen verkehrt; denn die Bewohner kalter oder gemäßigter Zonen brauchen im allgemeinen etwas Kräftigeres als die Menschen unter dem tropischen Himmel, wo das Leben sich mit einem Mindestmaß an Anstrengung erhalten läßt.

Za-zen bezweckt ganz einfach, das Gemüt von seinem Zwangsdenken an den Körper zu befreien und alle Zerstreuungen einzuschränken, dergestalt daß die volle Aufmerksamkeit auf eine besondere Aufgabe gerichtet werden kann. Die Stunden des Tages, die in einem Zenkloster für Za-zen vorgesehen sind, gehören somit der intensiven Arbeit am Koan, obzwar die Meister dazu ermahnen, das Koan zu allen Tageszeiten im Sinne zu behalten, mit was immer man sich beschäftigen und in welchen Umständen man sich befinden möge. Doch darf nicht vergessen werden, daß Za-zen und das Koan nicht an sich der Zweck des Zenlebens sind. Sie sind eine Art geistiger Gymnastik, ein Mittel zum Herbeiführen einer bestimmten Erfahrung. Und wenn diese Erfahrung gewonnen ist, können die Kunstgriffe, die man zu ihrer Erzeugung brauchte, beiseite gelassen werden. Denn das Ziel des Zen ist nicht, sich aus der Welt für immer in einsame Meditation zurückzuziehen. Solche Zurückgezogenheit ist lediglich ein Mittel, Erkenntnis zu erlangen, die, soll sie irgendwie von Nutzen sein, dem Ziele Bodhisattvas dienen muß, aller Welt Weisheit zu bringen. Diesen Zweck zu verwechseln mit dem Sitzen in Za-zen und der Arbeit am Koan, heißt abermals, den Finger für den Mond halten und damit die Absicht dieser Übungen gänzlich vereiteln. Wie im Kommentar zu den Kuhhirtenbildern gesagt wird: «Wenn du erkennst, was dir nottut, sei nicht der Sprenkel oder das Netz, sondern der Hase und der Fisch, dann ist es wie Gold, das von der Schlacke geschieden wird, wie der Mond, der aus den Wolken hervorbricht.»

IV
LEBEN IN EINER ZENGEMEINDE

Buddhas erste Tat nach seiner Erleuchtung war die Gründung eines Ordens (Sangha) heimatloser Bettler – wandernder Weiser, die alles geopfert hatten, um das Gesetz zu erfahren und zu verbreiten, wobei sie ihre Lebensnotdurft von jenen erbettelten, denen sie predigten, und ein Leben äußerster Einfachheit führten, weiter nichts besitzend als «ein Gewand und eine Almosenschale, unter einem Baum und auf einem Steine». Ursprünglich waren sie keine Asketen, die sich der Buße halber kasteiten; sie betrachteten Einfachheit nicht als Selbstzweck, sondern lediglich als Mittel, sich von allen Lasten zu befreien, so daß sie ihre ungeteilte Kraft auf die eine wesentliche Aufgabe richten konnten, für sich und andere Erleuchtung zu finden. Nicht lange nach Buddhas Tod begannen diese heimatlosen Bettler sich zu Mönchsgemeinden zusammenzutun, und im Laufe der Jahre wuchsen sie rasch an Zahl. In ganz Indien begannen Gemeinden *(viharas)* hervorzusprießen, die sich in kürzester Zeit auf Ceylon, Tibet und China ausbreiteten. Und bis heute findet man Mitglieder der Sangha, in den bekannten gelben Gewändern und die Almosenschale von Haus zu Haus tragend, durch ganz Ostasien, auf den Hawai-Inseln und sogar in Westamerika.

Natürlich blieb der Buddhismus von keinem der dem Klosterleben anhaftenden Übelstände frei. Das ursprüngliche Ideal des Mönches *(bikkhu)* war ein sehr hohes; in sozialer Hinsicht hatte er die wichtige Aufgabe, Führer, Weiser und Freund der Volksgemeinschaft zu sein. Zum Entgelt dafür wurde er mit Nahrungsmitteln beschenkt. Da die buddhistischen Grundsätze ihm die höchste Ehrfurcht vor allen Dingen dieser Welt zur Pflicht machten, war er bemüht, alles was man ihm gab bis zum äußersten zu nutzen, so daß nichts der Verschwendung anheimfiel. Seine Kleider sollten weggeworfene Lumpen sein, und selbst wenn sie sich in Fetzen auflösten, fand man sie noch für etwas tauglich, denn man machte daraus Wischlappen zur Reinigung der Klosterräume. Alles besaß einen Wert, nichts durfte man gering schätzen, nichts wegwerfen, wenn es noch irgendwie zu gebrauchen war.

Soll aber eine Einrichtung, die sich durch Bettel erhält, ihre anfängliche Reinheit bewahren, so müssen ihre Mitglieder geistig hochentwickelte Wesen sein. Und da solche immer nur dünn gesät sind, neigten die buddhistischen Mönche zur Trägheit und Entartung, indem sie auf dem Volkskörper als Parasiten lebten und dem Aberglauben des unwissenden Haufens Vorschub leisteten. Die Klöster kamen durch Vermächtnisse von Fürsten und vermögenden Kaufleuten zu Reichtum, bis die Wohnstatt des Mönches «unter einem Baum und auf einem Steine» mancherorten zum mächtigen, herrlich verzierten Palast wurde. An Stelle weggeworfener Lumpen traten prächtige Gewänder aus Seide, während die Klosterhäupter die ganze Würde und sogar die Machtfülle weltlicher Herrscher annahmen. Diese Entwicklung war nicht ohne mildernde Züge; denn der zunehmende Reichtum der Mönchsgemeinden ermöglichte ihren Mitgliedern, großartige Kunstwerke zu schaffen, wozu die Bilderwelt und Symbolik des Buddhismus sich aufs natürlichste eignete.

Ums sechste Jahrhundert n. Chr. hatte der klösterliche Buddhismus in China eine hohe Entwicklungsstufe erreicht, und die Chroniken berichten, daß es Gemeinden gab, deren jede tausend und mehr Mönche zählte, ähnlich den ungeheuren Klöstern, die man heute noch in Tibet und in der Mongolei findet, von denen manche eine Stadt für sich bilden. Von Anfang an begannen die Zenpatriarchen diese Gemeinden um sich zu sammeln; und gerade so wie Zen den buddhistischen Lehren ein neues Leben einflößte, erfüllte es auch die klösterlichen Anstalten mit neuem Leben. Die Entwicklung der Zengemeinde, wie sie heute noch besteht, muß aus der Zeit des Meisters Pai-chang (japan. Hyakujo), der im Jahre 814 starb, datiert werden. Pai-chang erkannte die Notwendigkeit, Klosteranstalten zu gründen, die sich von allen bislang bestehenden etwas unterschieden. Denn während die Gemeinden seiner Zeit zur beschaulichen Weltabkehr neigten, war es für das Zenleben wesentlich, in engem Kontakt mit den herkömmlichen Arbeiten und Mühen der Welt zu bleiben. Sollte, bei der Anwendung von Buddhas Lehren im Alltagsleben, den Leuten geholfen werden, so wurde wenig erreicht, wenn die anerkannten buddhistischen Lehrer insgesamt sich jenem Leben fernhielten. Deswegen schuf Pai-chang eine Reihe von Regeln und Vorschriften für eine besondere Zengemeinschaft, und dies Werk, bekannt als *Pai-chang Ching-kuei*, gab in der Folge die dauernde Grundlage her für das gesamte Klosterwesen des Zenbuddhismus.

Pai-chang sah sogleich, daß, wenn das Mönchsleben seine innere Lebendigkeit bewahren sollte, es wesentlich wäre, daß die Mönche nicht bloß vom Bettel lebten. Darum lautete der erste Grundsatz seiner Regel: «Ein Tag ohne Arbeit ist ein Tag ohne Essen.» Und aus diesem Grunde findet man fast jeder Zengemeinde eine Farm angegliedert, woselbst für den Bedarf der Brüdergemeinde Reis und andere Feldfrüchte gezogen werden. Er bestand darauf, daß jedes Glied der Gemeinschaft irgendwelche Arbeit verrichten müßte, denn Zen findet sogar in der niedrigsten körperlichen Tätigkeit nichts Entehrendes. Dies gilt so sehr, daß man den Novizen in der Regel leichtere und anziehendere Aufgaben zuweist als den Mönchen höheren Ranges. Jede Anstalt ist, soweit möglich, in sich selbst geschlossen und wird demokratisch geleitet. Sie hat ihre eigenen Köche, Kanzleischreiber, Verwalter, Anwälte, Baumeister, Handwerker und Küster. Und während der jedem Kloster zugewiesene Meister in der Leitung und Verwaltung der Gemeinde keine besondere Rolle zu spielen hat, teilt er mit den Brüdern sämtliche zu ihrem Unterhalt erforderlichen Arbeiten.

Das Leben der Gemeinde konzentriert sich um die Meditationshalle (Semmon-Dojo) – einen weiten, rechteckigen Bau von wechselnder Größe, je nach der Zahl der Mönche. Hier üben die Insassen ihr Za-zen, hier haben sie ihre paar Sachen, hier schlafen sie nachts. Abseits davon liegen Eßhalle, Küche, Waschräume, Krankenzimmer, des Meisters Privaträume, weiterhin Gärten und nicht selten Felder und Wälder, außerdem eine Anzahl besonderer Amtsräume und die Gastzimmer. D. T. Suzuki hat neuerdings (1934) ein Werk veröffentlicht, «The Training of the Zen Buddhist Monk», illustriert mit einer stattlichen Anzahl Bilder von Zenchu-Sato, der Mitglied einer großen Gemeinschaft von Kamakura ist. Diese Bilder machen keinen Anspruch auf hohen künstlerischen Wert, aber sie geben einen sehr bestimmten Eindruck vom Gemeinschaftsgeist in einem Zenkloster, und mit das Auffallendste daran ist das Glücksgefühl und die Fröhlichkeit der Mönche beim Verrichten ihrer mancherlei Aufgaben. Ob sie Holz hacken, Essen holen, Kleider waschen oder sich rasieren: Überall gibt es lachende Mienen und unverkennbare Zeichen großen Fleißes. In der Tat, der Fleiß der Zenmönche ist sprichwörtlich geworden, und wenn von jemandes Haus gesagt wird, es gleiche einem Zenkloster, so bedeutet das in Japan, daß es peinlich sauber und ordentlich ist. Zum Schutz gegen die Gefahren der Zügellosigkeit wird das Leben durch eine strenge Zucht geregelt.

Alle wichtigen Dienste werden genau und regelmäßig verrichtet, und zwar in solchem Maße, daß sie wie Zeremonien erscheinen. Verschwendung von Zeit und Material wird auf ein Mindestmaß beschränkt, und der persönliche Besitz des Mönches besteht in so wenigem, daß er eben ausreicht, ein Kissen abzugeben für den nächtlichen Schlaf. Doch dies ist nicht so, weil das Ideal von Zen Asketentum wäre. Zen ist ebenso wenig Asketentum wie irgendwelche andere Lebens*form*, denn Zen ist eine bestimmte Einstellung zum Leben, und als solche glaubt es, daß man just die rechte, für den jeweiligen

Zweck nötige Menge Zeit, Energie und Stoff aufwenden müsse, nicht mehr und nicht weniger. Sind manche Zenklöster in Japan Schatzkammern chinesischer wie japanischer Kunstwerke – Malereien, Bronzen, Töpferwaren, Lackarbeiten und Holzschnitzereien – so werden die Gegenstände doch nicht in so verschwenderischer Fülle ausgestellt wie in den Tempeln anderer Sekten. Die Ausschmückung eines Zenklosters geschieht in der Regel im selben Geiste klugen Maßhaltens, der auch Zucht und Zeremoniell bestimmt. Die Absicht geht dahin, jedes einzelne Kunstwerk voll zur Geltung kommen zu lassen, und dies ist unmöglich, wenn zuviel auf einmal zur Schau gestellt wird. Daher ist die vorherrschende Atmosphäre eines Zenklosters die einer strengen Einfachheit, hier und dort aufgelockert durch sorgfältig ausgewählte Dinge von großer Schönheit. Doch diese Einfachheit darf man nicht als bloßen Mangel an Schmuck verstehen. Zen hat die Architektur und Innenausstattung derart beeinflußt, daß schon die Raumstruktur an sich schön ist, abgesehen von jedem zusätzlichen Zierat. Deshalb haben die zart getönten Papierschirme *(shoji)*, welche die Wände eines japanischen Zimmers bilden, die Holzrahmen, worauf sie aufgespannt sind, das stumpfe Gelb der Reisstrohmatten *(tatami)* am Boden und die langen, flachen, weitgedehnten Linien der Bauten eine undefinierbare, ruhige, eigene Schönheit, obwohl sie aus den einfachsten und wohlfeilsten Materialien hergestellt sind. Die Meditationshalle ist ein Raum von solcher Art, sein einziges Schmuckstück ist der Schrein Buddhas *(Butsudan)*, der inmitten der Halle steht, mit vielleicht nur einem einzelnen Blütenzweig davor. Die Halle selber ist lang und schmal, zu beiden Seiten getäfelt mit glatten *shoji* von zartgrauer Tönung, welche die Eingänge in die umliegenden Gärten verbergen, wie auch die Schränke, worin die Mönche ihr Bettzeug verstauen. Den Wänden entlang, zu jeder Seite der Halle, sind niedrige Pritschen, auf denen die Mönche schlafen und wo sie ihr Za-zen ausüben. Zur Meditationszeit kommen sie in geschlossenem Zug in die Halle und nehmen ihre Sitze auf diesen Pritschen ein, das Gesicht der Mitte des Raumes zugewendet. Der führende Mönch tritt vor, wirft sich vor dem Schrein zu Boden, während draußen ein anderer jedes Glied der Gemeinde, das sich etwa verspätet, dadurch mahnt, daß er auf einen flachen hölzernen Gong schlägt, der die Aufschrift trägt:

> Geburt und Tod – ein ernst Geschehn;
> Wie vergänglich ist doch Leben!
> Nehmt jede Minute in acht!
> Zeit steht für niemanden still.

Der führende Mönch entzündet alsdann ein Stück Weihrauch, die Zeit zu messen, und wenn er auf seinen Platz zurückgekehrt ist, beginnt Za-zen. In diesem Moment erheben sich zwei andere Mönche von ihren Sitzen und nähern sich dem Schrein, sich gegeneinander und vor der Figur des Buddha verneigend; darauf nimmt jeder ein flaches, spitz zulaufendes Holz *(keisaku)*, und nach einer weiteren Verbeugung gehen sie auseinander, nach entgegengesetzten Seiten der Halle. Darauf fangen sie an, vor den zwei Reihen der meditierenden Mönche hin und her zu wandeln, sorgsam auf jeden achtend, der etwa Zeichen von Schläfrigkeit verrät. Anfangs gehen sie hurtig, doch nach einer Weile verlangsamen sie ihre Schritte, wobei sie immer leiser und leiser auftreten, bis sie wie Schatten dahinhuschen. Mit einmal stutzt einer von ihnen vor einem Mönch, der schläfrig zu sein scheint, versetzt ihm ein paar derbe Schläge mit der *Keisaku* über die Schultern und bringt ihn dadurch gleich wieder zu vollem Bewußtsein. Nach einiger Zeit kehren die beiden an ihre Plätze zurück und die Meditation nimmt ihren Fortgang, bis das Stück Weihrauch ganz heruntergebrannt ist, worauf der führende Mönch mit einer Glocke klingelt und zwei hölzerne Klappern zusammenschlägt. Dies ist das Signal zur Erholung und körperlichen Übung, und zugleich werden die *Shoji* zur Seite geschoben, um frische Luft hereinzulassen. Dann, eine Kolonne bildend, beginnen die Mönche rasch und schweigend rund um die Halle zu schreiten, wobei sie ihren Gang je länger desto mehr beschleunigen. Und wenn ein weiteres Stück Weihrauch heruntergebrannt ist, läßt der führende Mönch die Klappern abermals erschallen. Erfrischt durch ihre Bewegung kehren die Mönche zur Meditation zurück, und dieser Wechsel von Za-zen und Leibesübung dauert etwa drei Stunden fort bis es Zeit ist für die Hauptmahlzeit des Tages, die um zehn Uhr eingenommen wird.

Jeder Mönch hat einen Satz kleiner Eßschalen in einer Holzbüchse, die in ein Mundtuch geschlagen sind. Zur Essenszeit holt er diese aus seinem Schrank in der Halle heraus und begibt sich in den Eßraum, allwo lange Holztische, einen Fuß hoch über den Boden sich erhebend, gerüstet wurden. Der Zenmönch erhält drei Mahlzeiten im Tag – Frühstück etwas nach vier Uhr morgens, die Hauptmahlzeit um zehn, und das sogenannte «medizinische Essen» um fünf Uhr abends. Mitglieder der Sangha, glaubt man, essen am Nachmittag nicht mehr. Da jedoch die klimatischen Bedingungen in Japan dies nicht zulassen, wird das Abendessen «medizinisch» genannt und besteht aus den Überresten der Hauptmahlzeit.

In einem Zenkloster wird die Nahrungsaufnahme von einem besonderen Zeremoniell begleitet, das mit dem Hersagen eines kurzen Sutra beginnt, dem die fünf Meditationen über das Essen folgen[1].

> Erstens, laßt uns der eigenen Arbeit gedenken,
> lasset uns sehen, von wannen die gebotene Speise kommt.
> Zweitens, laßt uns bedenken, wie unvollkommen unsere Tugend ist, ob wir dieses Mahl verdienen.
> Drittens, daß es am wichtigsten ist, unser Gemüt zu zügeln und von den mancherlei Fehlern loszukommen.
> Viertens, daß dies Mahl medizinisch ist und dazu bestimmt, unsern Leib gesund zu erhalten.
> Fünftens, daß wir, das Ziel der Erleuchtung zu erreichen, diese Speise annehmen.

Wenn dies hergesagt ist, tragen zwei Mönche eine große Holzschale voll Reis auf, den sie den versammelten Brüdern servieren, gefolgt von einem andern Mönch, der mariniertes Gemüse verteilt. Wieder ein anderer serviert Tee, und wenn alle bedient sind, legt jeder von seinem Essen ein Bißchen auf die Kante des Holztisches als ein Opfer an die unsichtbaren Geister und spricht dazu:

---

[1] Die hier und in anderen Rezitationen ausgedrückten Gedanken sind dem Zen nicht eigentümlich. Sie wurden von den Zenmönchen übernommen als ein Teil des in den Buddhistenklöstern Fernosts üblichen Zeremoniells.

> O Ihr von der geistigen Welt, Euch sei dies dargebracht.
> Laßt diese Speise die zehn Weltgegenden füllen,
> allen Geistern zum Genuß.

Später werden diese Opfer für die Vögel hinausgetragen. Während des Essens setzen die Mönche ihr Meditieren über die Grundsätze der Buddhalehre fort.

> Der erste Bissen ist, jegliches Übel zerstören,
> Der zweite ist, jegliches Gute zu tun.
> Der dritte ist, alle fühlenden Wesen zu schonen –
> Möge jeder von uns den Pfad des Buddhatums erreichen.

Die Mahlzeit wird schweigend fortgesetzt, während die Aufwärter denen ein zweites Mal geben, die, ihre Arme vor der Brust verschränkend, andeuten, daß sie mehr begehren. Wer genug hat, reibt einfach seine Hände gegeneinander, wenn die Aufwärter bei ihm vorbeikommen. Nicht ein einziger Bissen bleibt übrig in den Schalen, die dann gereinigt werden, indem man den restlichen Tee von einer in die andere gießt, sie damit schwenkt und ihn endlich austrinkt. Sie werden dann mit dem Mundtuch ausgewischt und wieder in die Büchsen getan, als Begleitung zu einer weiteren Rezitation:

> Jetzt nach beendetem Mahl ist meine leibliche Kraft völlig erneuert!
> Mein Einfluß reicht durch die zehn Weltgegenden wie durch die dreigeteilte Zeit, und ich fühle mich stark.
> Was den Kreislauf von Grund und Folge und seine Aufhebung betrifft, so sei kein Gedanke daran verschwendet.
> Mögen alle Geschöpfe zu Wunderkräften gelangen!

Oder statt dessen:

> So grenzenlos wie die Himmel soll mein Erbarmen mit allen
> fühlenden Wesen sein.
> Der gelassene Sinn soll frei sein und nicht haften an den
> Dingen der Erde.
> Wie die Lotosblume lieblich und unbefleckt aus dem Schlamm
> sich erhebt, so soll mein Meditieren sein, wenn ich gleich
> in dieser Welt der Täuschung lebe.
> Mit so gereinigtem Sinne will ich dem Buddha,
> dem Erleuchteten, huldigen.

Zweimal wöchentlich hält der Meister eines Klosters für die Mönche eine Sprechstunde ab, um zu prüfen, wie sie mit ihrem Koan vom Fleck kommen und um persönliche Unterweisungen zu erteilen. Diese Sprechstunden heißen San-zen, und ihr Besuch ist freiwillig. Die große Masse schriftlich niedergelegter Zen-Lehren besteht aus Protokollen solcher Gespräche, wovon wir schon einige zitiert haben. Der Mönch wird in das Abtzimmer eingeführt nach aller gebührenden Regel mönchischer Konvention. Es gibt allerhand Verbeugungen und Glockengeklingel; doch sobald die Befragung anhebt, werden die Förmlichkeiten ganz fallen gelassen. Der Meister mag damit beginnen, daß er den Mönch nach etwas fragt, häufig nach dem Koan, woran er arbeitet. So fragte Shih-kung:

«Kannst du den leeren Raum ergreifen?»

«Jawohl, Herr», erwiderte der Mönch.

«Zeige mir, wie du das machst.»

Der Mönch machte mit seiner Hand eine zupackende Bewegung in der Luft, aber Shih-kung rief:

«Auf solche Weise? Doch bei alldem hast du nichts erwischt.»

Deswegen fragte der Mönch: «Wie macht Ihr es denn?»

Jählings faßte Shih-kung den Mönch bei der Nase und, indem er kräftig daran zog, rief er aus: «So macht mans, den leeren Raum fest in die Hand zu kriegen!»

Oder es mag sein, daß der Mönch das Gespräch beginnt, indem er an den Meister eine Frage richtet, wie beispielshalber: «Was sagt Ihr, wenn ich mit nichts zu Euch komme?»

«Schmeiß es auf den Boden hin.»

«Ich sagte doch, ich hätte nichts dabei. Was soll ich da hinschmeißen?»

«So nimm es weg.»

Selbst mit dem Festhalten an der Vorstellung, Zen sei, nichts zu besitzen, verfehlt man die Wahrheit.

Shih-kungs Benehmen, der seinen Schüler an der Nase riß, ist nichts ungewöhnliches in diesen Sprechstunden; doch darf man darin weder Narrheit noch Brutalität sehen. Soweit sich eine vernünftige Erklärung davon geben läßt, beabsichtigt es, Zen an einer ganz bestimmten Handlung zu demonstrieren, indem es zeigt, daß Zen gegenwärtige, lebendige Wirklichkeit ist. Bloße unverständliche Worte oder seltsame Bewegungen würde man symbolisch auslegen, doch über einen Schlag ins Gesicht kann kein Mißverständnis aufkommen. Der ist etwas durch und durch Lebendiges, so Rasches, daß man ihn nicht festhalten kann, so Nachdrückliches, daß sich darüber nicht philosophieren läßt. Worte kann man aufschreiben, man kann sich auf sie stützen, um dabei zu verharren, kann sich einbilden, daß sie die Wahrheit enthalten – doch ein Schlag ist ein Schlag – er läßt sich, wenn einmal versetzt, nicht zurückrufen noch analysieren noch als Mittel gebrauchen, die Wahrheit in eine starre Formel einzuschließen. Wenn daher jemand sagt: «Zen ist, in sein eigenes Wesen schauen», so ist das etwas, an das man sich halten kann, wie als ob es die Wahrheit des Zen ausdrückte; doch damit gerade verfehlt man sie ganz und gar. Wenn aber der Meister eine Ohrfeige gibt, so läßt sich dabei überhaupt nichts festhalten, und eben aus dem Grunde hat er die Wahrheit des Zen tatsächlich zum Ausdruck gebracht.

Bisweilen erteilt der Klosterabt eine mehr förmliche Art von Unterricht als San-zen. Dies ist der *Teisho* – ein Vortrag über die geheime Bedeutung eines der Zen-Textbücher, wenn der Meister sich an die ganze versammelte Gemeinde richtet. Diese Vorträge werden üblicherweise in der Jahreszeit gehalten, wo Za-zen öfter als gewöhnlich geübt wird, d. h. während der Wochen, wo man das Andenken an ein wichtiges Ereignis im Leben Buddhas feiert. Diese Zeiten sind als *Sesshin* bekannt, und die Mönche stehen da bereits um zwei Uhr statt um vier Uhr morgens auf und verbringen fast den ganzen Tag in der Meditationshalle. San-zen wird häufiger abgehalten und weniger Zeit der gewohnten äußeren Pflege und Instandhaltung des Klosters gewidmet, die sonst den größten Teil des Tages beansprucht. Die Erteilung des Teisho wird mit vielem Zeremoniell und Hersagen von Sutren begleitet. Die Mönche ziehen ein besonderes Gewand an und schreiten in feierlicher Prozession zur Vorlesungshalle. Der Meister trifft kurz nach ihnen ein, in Gesellschaft von zwei Begleitern, und nachdem er seine Huldigung vor dem Bilde Buddhas dargebracht, nimmt er auf einem hohen Stuhle Platz, vor welchem ein Lesepult aufgestellt wurde. Dann liest er etwa eine Stelle aus einem Zentext und pausiert, um einzelne Punkte zu erläutern, oder er hält vielleicht eine «Zenpredigt». Im letztern Fall geschehen meistens ungewöhnliche Dinge. Eines Tages hatte ein Meister soeben seinen Platz eingenommen, als draußen ein Vogel zu singen begann. Der Meister sprach kein Wort und jedermann lauschte auf den Vogel. Als dessen Lied verstummte, verkündete der Meister bloß, die Predigt sei beendet, und ging weg. Ein andermal breitete der Meister seine Arme aus und verharrte in Schweigen. Er war im Begriff, die Halle zu verlassen, als einer der Mönche ihn fragte, weshalb er nichts gesprochen habe; worauf er antwortete: «Die Schriften werden von den Schriftgelehrten ausgelegt und die Kommentare von den Kommentatoren. Warum dann wunderst du dich über mein Verhalten? Bin ich nicht ein Zenlehrer?» Meister I-tuan sprach einst zu seinen versammelten Mönchen: «Reden ist ein Hohn, Schweigen eine Enttäuschung. Jenseits von Reden und Schweigen führt ein Weg nach oben, aber mein Mund ist nicht weit genug, ihn euch zu zeigen.» Damit verließ er die Halle. Mitunter bringen Mönche Fragen vor, oder aber der Meister ersucht einen von ihnen, sein Verständnis des Zen zu erweisen. So begann Meister Shou-shan seinen Vortrag, indem er einen Stock zeigte und fragte: «Nennt dies hier einen Stock und ihr bejaht; nennt es nicht einen Stock und ihr verneint. Nun sollt ihr weder bejahen noch verneinen; wie würdet ihr es da nennen? Vorwärts! Redet!» Worauf ein Mönch aus der Versammlung hervortrat, den Stock ergriff und ihn entzweibrach mit den Worten: «Was ist dies?» All diese sonderbaren Äußerungen müssen in derselben Weise beurteilt werden wie das Koan. Manchmal enthalten sie verborgene Symbolik oder Anspielungen auf Aussprüche anderer Meister, die nur gelehrte Kenner der Zenliteratur verstehen können; doch dies sind erst die oberflächlichen Schwierigkeiten. Verstandesmäßige Analyse mag einen Bruchteil ihres Sinngehalts enthüllen, aber im Wesen sind sie wie glatte Stahlkugeln: Je wuchtiger man sie mit der Schneide des Verstandes trifft, desto heftiger springen sie weg.

Zum Abschluß von des Meisters Vortrag sprechen die Mönche, bevor sie zur Meditationshalle zurückkehren, die «Vier großen Gelübde»:

>Wie zahllos immer fühlende Wesen sind,
> Ich gelobe sie zu erlösen,
>Wie unerschöpflich immer die Leidenschaften sind,
> Ich gelobe sie auszulöschen.
>Wie unermeßlich immer die Lehren sind,
> Ich gelobe sie zu erlernen.
>Wie unvergleichlich immer die Buddhawahrheit ist,
> Ich gelobe sie zu erlangen.

Abgesehen von der hier geschilderten religiösen und rituellen Tätigkeit ist das Leben der Zenmönche in der Hauptsache ausgefüllt mit Arbeiten zur Erhaltung des Klosters. Doch im Zen möchten auch diese ausgesprochen religiös heißen, denn vom Standpunkt der Buddhanatur ist keine Tätigkeit religiöser oder heiliger als irgendwelche andere. Deswegen findet Zen die Religion in den alltäglichen Verrichtungen, wobei es besonderen Nachdruck auf dieses *Finden* legt; denn die allgemeine Regel ist, daß der Mensch die Religion abseits vom gewöhnlichen Leben *sucht*. In den Worten George Herberts:

> Alles will sich mit Dir erfüllen,
> Nichts kann so niedrig sein,
> Das, wenn getan um Deinetwillen,
> Nicht leuchtend wird und rein.
> Ein Knecht, der das erwägt
> Macht göttlich sein Bemühn.
> Wer einen Estrich Dir zuliebe fegt,
> Adelt damit sein Tun und ihn.

Dies ist reines Zen, nur daß der Buddhist sagen würde, er arbeite nicht um Gotteswillen, sondern für die Erleuchtung aller fühlenden Wesen. Aber schließlich ist der Unterschied kaum so groß wie zwischen den beiden; denn fühlende Wesen sind im wesentlichen eben die Buddhanatur, und Dienst an ihnen ist Dienst an der höchsten Kraft im Universum, ein Wirken im Einklang mit dem obersten Lebensgesetz, welches besagt, daß alle Wesen der Möglichkeit nach Buddhas sind und daß sie später einmal in Wirklichkeit solche werden müssen. Auch Jesus sagte, daß Gott am jüngsten Tage zu seinen Kindern sprechen werde: «Was ihr getan habt einem unter diesen meinen geringsten Brüdern, *das habt ihr mir getan*.»

Es gibt im Zenschrifttum unzählige Hinweise auf das Finden von Erleuchtung im alltäglichsten Tun. Tai-an fragte Pai-chang: «Ich habe nach dem Buddha getrachtet, weiß aber noch nicht, wie ich mein Suchen fortführen soll.» Pai-chang erwiderte. «Es ist gerade, als suchte man nach einem Ochsen, wenn man rittlings auf einem sitzt.»

«Was soll ein Mensch tun, nachdem er ihn erkannt hat?»

«Es ist, wie auf eines Ochsen Rücken nach Hause reiten.»

«Mag ich weiterhin erleuchtet werden bezüglich der Sorgfalt, die ich auf die ganze Sache zu wenden habe?»

«Es ist, wie wenn ein Rinderhirte», sagte Pai-chang, «nach seinen Tieren schaut und sie mit seinem Stab davon abhält, auf fremde Weide zu treten.»

Als Meister Chao-chou einen der Räume in seinem Kloster fegte, fragte ihn ein Schüler: «Ihr seid ein großer Zenmeister, frei vom Staub übler Gedanken, warum dann dieses emsige Fegen?» Vom Fleck gab der Meister zurück: «Der Staub kommt von außen!» Eines Tages trat ein Meister an den Aufseher des klösterlichen Kornspeichers heran, während dieser eben Reis durch ein Sieb schüttete. Der Meister sagte: «Streue mir die Körner nicht umher, denn sie kommen von unsern wohlwollenden Spendern.» – «Nein, Meister, ich will sie nicht verstreuen.» Der Meister sah ein einzelnes Reiskorn am Boden liegen und fragte, indem er es auflas: «Du sagst, du verstreust sie nicht; wo kommt dann dies Korn her?»

Der Aufseher sagte nichts; so fuhr der Meister fort:

«Hüte dich wohl, von diesem einen Reiskorn gering zu denken, denn hunderttausende von Körnern gehen aus ihm hervor.»

Zum Schlusse soll noch klargestellt werden, daß nicht jeder Zenmönch für immer in einem Kloster zu bleiben wünscht. Hat er sich als Meister bewährt, so steht es ihm frei, auch eine andere Gemeinschaft zu betreuen; in manchen Fällen wird er ins gewöhnliche Weltleben zurückkehren oder aber ein Wanderprediger der Lehre werden, der von Ort zu Ort zieht und denen, die er unterwegs antrifft, Hilfe leistet. Denn das Ideal des Bodhisattva ist, nicht abgesondert von der Welt zu bleiben. Er soll *in* ihr, wenn auch nicht *von* ihr sein: Eine namenlose Kraft zur Erleuchtung, in der Gesellschaft und durch sie wirkend. Wenn er überhaupt einsam ist, dann im Sinne jener Einsamkeit, die sich unvermeidlich hoher Weisheit gesellt. Er kann sich von andern Wesen nicht absondern, denn in jedem Geschöpf sieht er sein anderes Ich. Wenn also irgend eine Trennung besteht, dann lediglich wegen der Schranke, die andere gegen ihn errichten, aus Furcht vor seiner Weisheit oder aus Gleichgültigkeit gegen sie. Es ist nicht die selbstsüchtige Absonderung des Einsiedlers, welcher versucht, geistige Freiheit durch körperliche Freiheit zu erringen; denn der Bodhisattva weiß, daß die beiden unabhängig voneinander sind. Ein Mensch mag frei sein, zu reisen, wohin es ihm beliebt, dennoch gibt es keinen Ort auf Erden, wo er seinem eigenen Karma entrinnen kann. Und ob er auf einem Berg oder in einer großen Stadt lebt, immer und überall kann er das Opfer eines unbeherrschten Denkens sein. Denn des Menschen Karma zieht, gleich seinem Schatten, mit ihm fort. Und tatsächlich ist es sein Schatte; denn es ist gesagt worden: «Der Mensch steht sich selbst im Licht und wundert sich darüber, daß es so dunkel ist.»

V
ZEN UND DIE FERNÖSTLICHE KULTUR

Der letzte Prüfstein jeder Religion ist ihre Wirkung auf das Leben ihrer Anhänger, denn «an ihren Früchten werdet ihr sie erkennen». Das Abendland jedoch neigt dazu, diese Wirkungen anders zu beurteilen als der Osten; denn der Europäer wird den Wert einer Religion darnach bemessen, wie weit es ihr gelingt, eine Gesellschaft als Ganzes mit Harmonie zu erfüllen; in welchem Umfang sie die soziale Lage der Massen verbessert und ob sie imstande ist, alle Menschenklassen und Stände zu erreichen und sich ihnen verständlich zu machen. Die Religionen Asiens zielten ursprünglich nicht darauf ab, «Massenreligionen» zu sein; wo sie es wurden, da weichen sie heute völlig ab von der Form, in welcher sie zuerst gelehrt wurden; denn der Osten betrachtet Weisheit nicht als etwas, das man wahllos allen und jedem mitteilen darf, sondern als das Vorrecht von wenigen, die sich fähig zeigen, sie in der rechten Weise zu verstehen und anzuwenden. Im Westen gilt das Sprichwort «Wissen ist Macht»; und gleichwohl sind wir eifrig bemüht, diese Macht allen möglichen Leuten auszuliefern, ohne Rücksicht auf deren Vertrauenswürdigkeit. Was immer bei solch großzügiger Verbreitung des Wissens Ersprießliches herauskommen mag, es wird mehr als aufgewogen durch den fürchterlichen Mißbrauch eben dieses Wissens, der nahezu allen Problemen der modernen Zivilisation zugrunde liegt. Niemand würde – selbst im Traume nicht – einem Kind erlauben, in einem Transformatorenhaus mit den elektrischen Schaltern zu spielen. Und doch kann die Weisheit des Westens – seine Wissenschaft –, jedermanns Eigentum werden, welches auch die Beweggründe für seinen Wunsch nach solchem Besitz sein mögen.

Vielleicht beginnt der Westen jetzt zu bereuen, daß seine gelehrten Männer mit ihrem Wissen so freigebig verfuhren, denn in den letzten fünfzig Jahren erlebten wir, wie die Naturwissenschaft für allerhand verderbliche, unsittliche und antisoziale Zwecke mißbraucht wurde. Zur selben Zeit schuf sich der Westen Krankenhäuser, hygienische und andere segensreiche Einrichtungen materieller Art, die dem Osten völlig neu sind; doch er muß sie teuer bezahlen, sobald das zweischneidige Schwert der Erkenntnis einmal nach der andern Seite schlägt.

Die Weisheit des Ostens ist nicht Naturwissenschaft, sondern Wissen um Seele und Geist, und wenn die Folgen mißbrauchter Physik und Chemie schlimm genug sind, so ist der Mißbrauch seelischen und geistigen Wissens unendlich viel schlimmer, weil er mehr als nur die Leiber der Menschen zugrunde richtet. Zum Glück haben die Weisen des Ostens ihre Schüler sorgfältig ausgewählt und ihre tiefste Erkenntnis in Mythen und Symbole gehüllt, verständlich nur denen, die sie ihres Vertrauens würdig finden. Deswegen hat man sie im Westen oft der Eifersucht bezichtigt, eigennützigen Zurückhaltens ihrer Weisheit vor der Masse, als ob sie fürchteten, ihre Überlegenheit möchte gefährdet sein, falls die Welt hinter ihre Geheimnisse kommen sollte. Allein, das trifft nicht zu. Der Grund ihrer Verschwiegenheit ist vielmehr: Sie haben eine viel größere Achtung und Ehrfurcht vor der Weisheit, als es im Westen gemeinhin der Fall ist; denn während wir unser Wissen wie billige Zeitungsnotizen ausstreuen, betrachten sie es als den kostbarsten aller Schätze. Um es zu erlangen, muß ein Mensch alles opfern, was er überhaupt besitzt. Er muß bereit sein, auf alle Weise zu zeigen, daß er tatsächlich zu lernen und dann guten Gebrauch von dem Gelernten zu machen wünscht, kurz, er muß beweisen, daß er Weisheit über alles stellt, sie als ein heiliges Pfand betrachtet, das niemals für unwürdige Zwecke darf verwendet werden. – Aus diesem Grunde mußte sich Shang Kwang den Arm abschneiden, nachdem er eine Woche lang im Schnee ausgeharrt, ehe Bodhidharma ihn sehen wollte.

Doch das eben Gesagte widerspricht keineswegs dem früher Ausgeführten, wonach die Wahrheit des Zen sich im Alltagsleben offenbart, auch nicht dem Umstande, daß sie vollkommen klar ist für jene, die Augen haben, zu sehen. Denn der große Schatz, den man ohne so schwere Opfer nicht erlangen kann, ist nicht die Wahrheit an sich selber (diese kann überall gefunden werden – bei jedermann und jedem Ding, ob ihre Gegenwart erfaßt wird oder nicht; sie ist ebenso wenig Eigentum der Weisen wie der Dummköpfe oder Verrückten, denn die Buddhanatur ist allen gemeinsam). Der seltene Schatz ist das Vermögen, die Wahrheit zu sehen. Mithin ist Zen, wie jede andere Religion des Ostens in ihrem höchsten Ausdruck, für die Wenigen bestimmt, obwohl es von anderen Formen des Buddhismus, vom Hinduismus und

Taoismus sich darin unterscheidet, daß es eine exoterische oder volkstümliche Form nie gekannt hat. So muß man die unmittelbaren Wirkungen von Zen auf die Kultur des fernen Ostens nicht im Leben der Massen suchen, oder doch höchstens insoweit als dieses Leben beeinflußt war von Herrschern und Verwaltern, die mit Zenmeistern in Berührung kamen. Man wird die Wirkungen von Zen im Leben und Werk einzelner Individuen und verschiedener kleiner Menschengruppen finden, wie beispielshalber der Samurai oder Kriegerklasse des feudalen Japan. Im Orient beurteilt man die Wirksamkeit einer Religion nach ihrer Eignung, eine verhältnismäßig kleine Zahl von völlig erleuchteten Männern hervorzubringen; denn man hält es nicht für möglich, in der Spanne von tausend oder weniger Jahren das Leben ganzer Volksmassen grundlegend zu wandeln. Große soziale Veränderungen werden nicht erwartet. Die Religionen des Ostens befassen sich mehr mit der Erleuchtung einiger weniger Menschen als der Gesellschaft im ganzen, denn die Gesellschaft besteht aus Einzelnen und wird erst dann erleuchtet werden, wenn nach Jahrtausenden immer mehr Einzelne sich für die höchste Erkenntnis als tauglich erweisen, bis endlich die erwählten Wenigen zur ganzen Gemeinschaft geworden sind.

In der Geschichte von Fernost sind die Früchte des Zen: Einige hundert Charaktere von so bemerkenswerter Größe, daß sie allein schon ein hinreichendes Zeugnis für den Wert des Zen sein würden; Werke von künstlerischer Vollendung, die allem ebenbürtig sind, was irgendwann und irgendwo sonst in der Welt geschaffen wurde; eine Form von Rittertum und Kampftechnik, die Anspruch machen darf, unübertroffen zu sein; und endlich eine sichere Erfahrungsgrundlage für zukünftige Arbeit in einem viel größeren Maßstab.

Es ist natürlich besonders schwer, genaue Charakterdarstellungen der großen Zenmeister und Zenverehrer zu geben; denn ihre Größe lag weniger in dem, was sie sagten oder taten, als in dem, was sie waren, und in dem Eindruck, den sie auf jene machten, die mit ihnen in Berührung kamen. Wohl gab es darunter viele hervorragende Künstler, viele Krieger von ungeheurem Mut; ihre wesentlichen Eigenschaften bleiben indessen – wie Zen selber – zwar unverkennbar, aber völlig unbestimmbar. Wir müssen unsere Vorstellungen von ihnen aus den Berichten über ihre Lehrmethoden schöpfen und aus ihren Bildnissen, die uns vom Zengeist tief erfüllte Künstler hinterlassen haben. Was die Schilderungen ihrer Unterrichtsweise anbelangt, so sind manche davon schon erwähnt worden; all diesen Männern ist etwas Kraftvolles, Spontanes, Unbedenkliches eigen. Sie verschwenden keine Worte; sie meiden jede Form von Pedanterie, und beim Beantworten von Fragen weichen sie niemals mit abstrakten Redensarten dem eigentlich strittigen Punkt aus, sondern sagen etwas, was dem Fragenden geradewegs zu Herzen geht, ihn persönlich auf eine Weise trifft, die den andern unverständlich bleiben mag. Mit solchem Scharfblick durchschauen sie die Sinnesart der Leute, daß sie auf solche, die mit Zenkenntnissen aus zweiter Hand ihnen etwas vormachen möchten, niemals hereinfallen.

Meister Chu-hung schrieb einmal an einem Buch über die zehn löblichen Taten eines Mönches, als einer dieser vorgeblichen Kenner ihn fragte: «Zu was frommt solch ein Buch, da es doch im Zen nicht das Allergeringste gibt, was man löblich oder unlöblich nennen könnte?» – «Die fünf Aggregate (Skandhas) der Persönlichkeit sind Schlingen», erwiderte der Meister, «und die vier Elemente wuchern üppig um sich, und wie kannst du sagen, daß es nichts Böses gebe?» – «Die vier Elemente», wandte der andere ein, «sind letzten Endes gänzlich leer, und den fünf Aggregaten kommt keinerlei Wirklichkeit zu.» Diese Bemerkung trug ihm einen Backenstreich ein samt der Rüge: «So manche sind bloß Gelehrte; du bist noch nicht die Wirklichkeit selber. Gib mir eine andere Antwort.» Der Mönch wurde wütend, antwortete nicht und war im Begriff wegzugehen, als der Meister lächelnd zu ihm sprach: «Schon gut! Warum wischst du dir nicht den Schmutz aus dem eigenen Gesicht?»

Es gibt ein beachtliches Triptychon des japanischen Meisters Jasoku, das zeigt Bodhidharma, Lin-chi und Te-shan – drei größte Vertreter des Zen. Bodhidharmas Bildnis gibt bloß Kopf und Schultern, lose drapiert mit einem Überwurf, der sein Haupt bedeckt und, nur Gesicht und Brust freilassend, über seine Schultern herabwallt. Die leichten Gewandfalten kontrastieren scharf mit seinen eindringlichen Zügen: hervorstehende Augenbrauen, ein rauher Schnurrbart, der vom Ansatz seiner Adlernase bis ans Ende der schweren, vierkantigen, von einem kurzen buschigen Bart umsäumten Kinnbacken reicht. Die ganze Kraft des Bildes aber ist auf die Augen konzentriert. Sie sind leicht nach oben und zur Seite gerichtet; mit weit offenen Lidern und festem, durchdringendem Blick scheint er gespannt auf etwas dicht über unserm Kopf Befindliches achtzugeben. Man spricht von Bodhidharma mitunter als dem «bärtigen Barbaren», aber trotz ungeheurem Schnurrbart, struppigen Brauen und ungekämmtem Bart liegt in Jasokus Bildnis etwas wesentlich Aristokratisches. Hier ist nichts vom beschaulich-träumerischen Buddhismus; der Künstler hat Bodhidharma zum Sinnbild kraftvoller jasagender Selbstbestimmung des Lebens gemacht. Das nämliche gilt von seinem Bildnis des Lin-chi. Dieser Meister erscheint in seiner Meditationshaltung, die Hände im Schoß zusammengelegt, und unter seiner hohen kahlen Stirne hervor blicken die nämlichen machtvollen, durchbohrenden Augen. Doch ungeachtet seiner schier wilden Miene macht das Bildnis einen unverkennbaren Eindruck tiefster Ruhe und Sanftmut. Denn dieser Widerspruch lag im Wesen aller Zenmeister: Unbeweglicher Gleichmut und grenzenloses Mitgefühl des Bodhisattva gepaart mit einer Lebendigkeit von der grausamen Pracht des Blitzes. Das Paradoxon spiegelt sich noch auf andere Weise: In Japan finden wir die Bekenner des Zen in den scheinbar unvereinbaren Rollen des Dichters und Kriegers, des himmelanstrebenden Idealisten und des grimmigen Realisten. Als Meister So-gen in Erwartung war, von einer Bande Mongolenkrieger geköpft zu werden, setzte er sich ruhig hin und schrieb die Verse:

> Himmel und Erde sind mir verschlossen zumal.
> Was tuts? Ein Schein nur Körper und Seele sind.

> Willkommen dein Schwert, o Krieger von Yuen!
> Dein treuer Stahl,
> Der zuckende, fühl ich, schneidet den Frühlingswind.

So auch der große Schwertmeister Mijamoto Musashi:

> Unter dem Schwert, geschwungen hoch,
> Ist Hölle – du fühlst sie mit Grauen.
> Furchtlos schreite hindurch!
> Und du siehst dich auf seligen Auen.

Gleich wie man diese beiden unterschiedlichen Elemente im Wesen der Zenmeister und ihrer Schüler findet, so findet man auch, daß Zen die fernöstliche Kultur nach zwei Richtungen hin beeinflußt hat – nämlich in den schönen Künsten und in der Kunst der Kriegführung. Einerseits war es Zen, das die Poesie, den unirdischen Zauber der Teezeremonie *(cha-no-yu)* hervorbrachte, die Kunst des Anlegens von Landschaftsgärten, die Malereien der Sung-, Sumiye- und Kano-Meister, die Dichtung von Basho und die stille Einfalt der japanischen Architektur, während dasselbe Zen anderseits die aufregende Technik von *ju-jutsu* und *ken-jutsu* (Fechtkunst) und die strengen Grundsätze von *bushido*, den ritterlichen Ehrenkodex der Samurai[1], erzeugt hat. Somit lag das Paradoxon des Zen darin, daß es den Frieden Nirvanas mit angestrengter Kampftätigkeit und den gemeinen Pflichten des Alltags verbinden konnte. Um noch einmal Takuan zu zitieren:

«Am wichtigsten ist eine gewisse Gemütshaltung zu erringen, die als 'unverrückbare Weisheit' bekannt ist; 'unverrückbar' bedeutet nicht steif, schwer und leblos sein wie ein Fels oder ein Stück Holz. Es bedeutet den höchsten Grad von Beweglichkeit,

---

[1] Über den Einfluß von Zen auf Japans Dichtkunst und Drama siehe Mr. E. V. Gatenby's «Cloud Men of Yamato» in «Wisdom of the East Series».

mit einer Mitte, die unbeweglich bleibt. Das Gemüt erreicht dabei ein Höchstmaß von Wachheit und ist bereit, seine Aufmerksamkeit, wo immer sie benötigt wird, hinzusenden. Es ist ein Unverrückbares im Innern, das sich aber mit Dingen, die davor erscheinen, spontan fortbewegt. Der Spiegel der Weisheit spiegelt sie eins ums andere wieder, bleibt davon jedoch selber unberührt und ungetrübt.»

Im Reich des Schönen findet man die ersten wichtigen Spuren von zenistischem Einfluß in der Kunst der T'ang-Dynastie (618-905 n. Chr.). In der zweiten Hälfte dieser Periode lebte der größte aller chinesischen Maler, Wu Tao-tzu. Unglücklicherweise sind uns seine sämtlichen Werke jetzt verloren, ausgenommen ein Triptychon ersten Ranges, das aber von manchen Sachverständigen auch bloß für eine Kopie gehalten wird. Diese Malerei befindet sich in einem der Zenklöster zu Kyoto und zeigt den Buddha mit den zwei großen Bodhisattvas, Manjusri und Samantabhadra. Die mittlere Figur des Buddha ist es, die unsern Blick gefangen nimmt; Zeitgenossen charakterisieren die Malweise des Künstlers «als ob ein Wirbelsturm ihm die Hand führte», und ihr Einfluß ist unverkennbar, wenn man die Einzelheiten dieser Mittelfigur betrachtet. Die Linien, welche die Falten von Buddhas Gewand bilden, sind scharf, kühn und zackig, doch das Antlitz hat einen Ausdruck von so vollendeter Verklärtheit, daß es das ganze Bild beherrscht und es zu einem Symbol des Zengeistes erhebt. Es ist intensive Lebendigkeit mit vollkommener Ruhe als Grundlage. Oder in der Sprache der Taoisten: «Eben weil die Achse nicht fortrückt, kreisen die Speichen» oder «die Kraft des Nichtstuns ist es, die alle Dinge in Bewegung setzt». Dieselben Merkmale finden sich in den Gemälden der japanischen Schule von Sumiye. Diese Bilder wurden auf eine besondere Sorte rauhen und spröden Papiers mit weichem Pinsel aufgetragen. Das Malmittel war schwarze chinesische Tusche, es fehlten die Farben, es fehlte die Ausarbeitung, und das spröde Papier bewirkte, daß ein Pinselstrich, einmal gezogen, sich nie wieder auswischen ließ. Anderseits mußte er, um nicht stümperhaft zu erscheinen, rasch und gewandt gezogen sein. Mit solchen Materialien war es für den Künstler unbedingt nötig, so zu malen «als ob der Wirbelsturm ihm die Hand führte». Es gab keine Möglichkeit nachträglichen Ausbesserns, der kleinste Fehler sprang in die Augen, und wenn der Künstler in seinem Strich jemals stockte und sich besann, so verursachte das einen häßlichen Klecks. Diese Technik war dem Geist des Zen völlig gemäß, denn sie setzte voraus, daß der Maler seine Eingebung zu Papier bringen mußte, solange sie lebendig war. Er konnte nicht eine rohe Skizze machen und dann langsam die Details hineinarbeiten, bis die Inspiration durch vieles Ändern und Ausarbeiten erstickt war. Das Bild mußte in wenigen Augenblicken vollendet sein, denn es kam wie des Zenmeisters Backenstreich – plötzlich, unwiderruflich, entschlossen und voller Wucht. Ein langsam und zaudernd versetzter Hieb wäre ja kein Hieb, höchstens ein schwächlicher Stoß – ihm fehlt das Leben, fehlt das Spontane. Entsprechend gleicht ein Bild, das die Eingebung nicht festhält solange sie lebt, sondern sie mühsam wieder zu beleben trachtet, nachdem sie schon tot ist, dem ausgestopften Vogel im Glaskasten. Sumiye fängt den Vogel im Hui, ehe er wegfliegt – ja es läßt ihn dann fliegen, denn es hat nicht nötig, ihn zu schießen und auszustopfen, damit der Künstler den Leichnam in Muße studieren könne. Deswegen muß der Sumiye-Künstler stets «weiterschreiten», denn dem Leben folgt der Tod, bloß um einen Schritt hinterher.

Indessen, trotz aller Plötzlichkeit hat Sumiye unter der Oberfläche eine tiefe Ruhe, die sich im Weglassen alles Unwesentlichen zeigt. Dieser Grundsatz ist viel älter als Sumiye, denn er geht auf die ersten Anfänge des Zen zurück und von da weiter bis auf die taoistische Philosophie, wo er als «Haushalten mit der Kraft» gelehrt wird. Im Taoteking heißt es:

> Ein Wirbelwind währt keinen Morgen lang.
> Ein Platzregen währt keinen ganzen Tag.
> Himmel und Erde können nichts Dauerndes schaffen.
> Wieviel weniger der Mensch!

Und wiederum:

> Guter Gänger läßt keine Spur zurück;
> Guter Redner macht keine Fehler.

Denn der gute Gänger gebraucht just den rechten Energiebetrag, um sich fortzubewegen; da er keine Spuren hinterläßt, geht er leichten Schritts und wirbelt daher keinen Staub auf. Der Taoist würde sagen: Wenn ein Gänger Staub aufrührt, so ist das ein Zeichen, daß er Energie entwickelt, die zur Durchführung seines Zweckes nicht gebraucht wird; deswegen geht sie anderswo hin und wird im Staubaufwirbeln vertan. Mag dieser Vergleich etwas weit hergeholt sein, sein Grundgedanke ist das Geheimnis der Konzentration und des Erfolges bei jeder Art von Tätigkeit. Es besteht darin, gerade nur so viel Kraft aufzuwenden, wie zur Erreichung eines bestimmten Resultats erforderlich ist. Doch in der Regel macht der Mensch sich das Leben schwerer als nötig wäre, dadurch daß er bei allem, was er unternimmt, eine ungeheure Menge Kraft verschwendet. Erstens beträgt der Gesamtaufwand an Energie mehr, als zur Bewältigung der Aufgabe nötig wäre; und zweitens kommt nur ein kleiner Teil davon dem Unternehmen wirklich zustatten, weil sie nach allen Seiten verpufft wird, statt auf einen einzigen Punkt gesammelt zu werden. Deshalb sagte Meister Pai-chang, Zen bedeute: «Iß, wenn dich hungert, schlaf, wenn du müde bist ... Die meisten Leute essen nicht, sondern denken an andere Sachen und lassen sich dadurch im Essen stören; sie schlafen nicht, sondern träumen von tausenderlei Dingen.» Das unkontrollierte Gemüt verbraucht seine Energie in zahllosen Sorgen, Ablenkungen und schweifenden Gedanken, statt sich zu jeder Zeit nur einer Sache hinzugeben, und darum vollbringt es nie, was es sich vorgenommen; denn kaum beginnt es mit einer Sache, eilt es schon zu andern fort und erschöpft sich so mit einer schrecklichen Menge verschwendeter Tätigkeit. Im Vergleich damit muß die Tätigkeit des Taoisten und Zenmeisters unbeträchtlich erscheinen, aber eben nur weil sie Kraft sparen; ihre Ruhe ist die Frucht einer einspitzigen Haltung des Gemüts; sie nehmen jedes Ding, wie es kommt, erledigen es und schreiten zum nächsten fort. So vermeiden sie all das sinnlose Vor- und Rückwärtsdenken, das Sich-Quälen um Vergangenes und Künftiges, bei dem die Tätigkeit sich eben nur selbst vernichtet.

«Haushalten mit der Kraft» ist also das Zenprinzip des «Weiterschreitens», und im Leben wie in der Kunst verschwendet Zen niemals Zeit und Energie mit weitschweifigen Erklärungen; es gibt lediglich Hinweise. Gleich wie es beim Philosophieren auf «die Zypresse im Hof» oder auf «den Bambuswald am Fuß des Hügels» deutet ohne weiteren Kommentar, ohne sich auf metaphysische Erörterungen einzulassen, so weist es in der Kunst nur auf das Wesentliche, unter Verzicht auf die Durcharbeitung. Denn Zen heißt: Das Leben mit eigenen Augen sehen; und wenn der Philosoph und der Künstler alles abschildern, was es zu sehen gibt, werden ihre Schilderungen gar leicht zum Ersatz für die Erfahrung aus erster Hand. Eben darum ist der Zweck der Philosophie und der Kunst nicht, einen Abklatsch des Lebens in Worten oder Bildern zu liefern, denn das wirkliche Ding ist besser als jede Nachbildung davon. Ihr Zweck ist, uns durch Hinweise zum Selbersehen anzuregen. Deshalb verstand der chinesische Künstler besser als jeder andere die Bedeutung der leeren Räume, und in einem gewissen Sinne war, was er wegließ, wichtiger als was er gab. Es war ein Schweigen voller Lockungen, eine Leere, die zur Neugier trieb. Er lüftete gerade nur einen Zipfel des Schleiers und reizte damit die Leute, selbst herauszufinden, was dahinter läge. Dies war das taoistische Prinzip des *Wu-Wei*, durch Nichttun zum Tun zu gelangen. Mit ein paar Pinselstrichen erreichte der Sung-Maler mehr als andere nach Wochen mühsamer Arbeit erreichen konnten; denn seine Stärke lag eben im «Haushalten mit der Kraft».

Die großen Zenmaler der Sung-Dynastie (960–1279) waren Kuo Hsi, Mi Fei, Ma Yuan und Mu Ch'i, und von ihnen war Ma Yuan besonders berühmt dafür, bloß «ein Eckchen» zu malen. Ein prächtiges Beispiel seines Schaffens ist das Bild «Der einsame Angler», wo man inmitten eines trüben Nichts ein kleines zerbrechliches Boot schwimmen sieht, auf Wasser, das kaum mit ein paar Kurven angedeutet ist, während der Fischer, am einen Ende sitzend, die Angelschnur hinten nachschleifen läßt. – Eines von Mu-Chis Meisterstücken, betitelt «In der Morgensonne», zeigt überhaupt keine Spur von Sonne – bloß die mattumrissene Gestalt eines kleinen kahlköpfigen Zenmönches, ganz darein vertieft, einen strohernen Strick zu flechten, dessen eines Ende an seiner großen Zehe befestigt ist. Die einzige «feste» Partie der Malerei bilden ein paar Büschel Gras und Gesträuch um den Felsen, worauf er hockt, gegen einen lichten, dunstigen, den Morgennebel ahnen lassenden Hintergrund. Am Ende der Sung-Dynastie begann Zen in China auszusterben, und die Kunst der Ming-Zeit zeigt ein Streben nach übermäßiger Durcharbeitung und Nettigkeit. Die echte Sung-Tradition ging auf Japan über, wo sie von der Schule von Sumiye und Kano übernommen wurde. Über die Malerei hinaus erweiterte sie dort ihren Einfluß auf die Baukunst, die Gartenkunst und ganz besonders auf die Ästhetik der Teezeremonie und all das, was mit dazu gehört.

Teetrinken war schon immer mit Zen in Verbindung gebracht worden, und seit den frühesten Zeiten gebrauchten es die Mönche, um sich durch die langen

Stunden der Andacht wach zu halten. Es gibt eine schauerliche Sage vom Ursprung des Tees; sie berichtet, Bodhidharma sei einst während seines Meditierens eingeschlafen und darüber so in Zorn geraten, daß er sich die Lider abschnitt. Zur Erde fallend, seien sie zu den ersten Teepflanzen geworden, und immerfort habe dann der aus ihren Blättern bereitete Trank den Schlummer verscheucht und die Seele gereinigt. Die Elemente der Teezeremonie übernahm Japan von China, allwo die Zenmönche eine große Schale Tee herumzureichen pflegten, während sie in der Meditationshalle saßen. Und der T'ang-Dichter Luwuh legte in seinem berühmten Werk *Cha-king* (die Schrift vom Tee) den Grund zum Teeritual und zur Teephilosophie. Er wurde, wie Okakura Kakuzo schreibt, in einer Epoche geboren, als Buddhismus, Taoismus und Konfuzianismus eine wechselseitige Synthese anstrebten. Die pantheistische Epoche jener Zeit drängte die Menschen dazu, das Allgemeine im Besonderen zu suchen, Luwuh sah im Teekult dieselbe Harmonie und Ordnung, die den ganzen Kosmos durchwaltete. Ein anderer Dichter jener Zeit sagte vom Tee:

«Die erste Tasse feuchtet mir Lippen und Kehle, die zweite bricht meine Einsamkeit, die dritte sucht mein verborgenstes Wesen. – Die vierte Tasse erregt mir einen sanften Schweiß, alle Unbill des Lebens weicht durch meine Poren hinweg. Bei der fünften Tasse bin ich gereinigt; die sechste ruft mich ins Reich der Unsterblichen. Die siebente – ach! Aber mehr könnte ich nicht nehmen! Ich spüre nur mehr den Hauch des kühlen Windes, der in meinen Schläfen sich erhebt. Wo ist der Himmel? Laßt mich, auf dieser sanften Brise reitend, zu ihm entschweben!»

Solcherart waren die Gefühle, die mit dem Teegenuß verknüpft wurden; und zur Zeit, als er nach Japan gelangte, war der Tee nicht eine bloße Ware, er war weit mehr als ein Absud aus dürren Blättern; denn ein Zenmeister konnte sagen: «Merke dir wohl, der Geschmack des Zen *(Ch'an)* und der Geschmack des Tees *(cha)* sind einerlei.» Dies war nicht lediglich ein Wortwitz. Nach und nach hatten sich alle Schönheitsideale des Zen dem Ritus des Teetrinkens anverleibt. Denn indem die Mönche ihn begingen, sich von ihrem harten Ringen mit dem Koan zu erholen, fingen sie an, ihn mit all jenen Dingen zu begleiten, die uns inneren Frieden und Gemütsruhe schenken. Es dauerte nicht lange, da gab man die Übung, Tee in der Meditationshalle zu trinken, auf, und statt dessen wurde zu dem Behuf ein besonderer Raum abseits errichtet. Daraus entwickelte sich dann das Teehaus *(chaseki)* «das Gelaß der Leere», ein schwacher Bau aus Papier mit einem einfachen Dach aus Reisstroh, in einem Winkel des Gartens verborgen. Damit wurde die Teezeremonie als das bekömmlichste Mittel geistiger Erholung anerkannt. In der Hauptsache war sie eine zeitweilige Flucht vor den Sorgen und Zerstreuungen – eine Stunde beschaulichen Rastens und Sichversenkens in alle Schönheiten der Kunst und Natur. Mit der Zeit wurde der Garten, worin das Teehaus stand, selber in die Zeremonie einbezogen; und der aus großen Steinplatten gebildete Weg, der die Miniaturlandschaft durchquerte und im Buschwerk verschwand, sinnbildete die Erlösung von der Welt. Es gab in dieser Gartenlandschaft keine geschmacklose Häufung grellbunter Farben, denn der Zengeschmack verlangte zarte, ruhige Töne. Und die japanischen Gärtner entwickelten eine solche Fertigkeit, daß sie auf ein paar Quadratfuß den Eindruck eines stillen einsamen Bergtals hervorzaubern konnten. Anderseits wurde nicht versucht, die Natur nachzubilden; denn die mächtigste Wirkung erreichte man durch ein bloßes Andeuten der Szenerie, welche Kobori Enshiu wie folgt beschreibt:

> Eine Gruppe sommerlicher Bäume,
> Ein Aufschimmern der See,
> Ein blasser Abendmond.

Da wo der Pfad an das Teehaus heranführte, sah man am Wegrand einen großen Stein, dessen Kuppe eine schüsselförmige Höhlung aufwies. Eine Bambusröhre speiste sie mit Wasser. Hier wusch man die Hände, ehe man das Teehaus betrat, das am Ende des Weges, im entlegensten Teil des Gartens stand.

> Ich blicke hinüber;
> Keine Blumen dort,
> Noch buntes Gezweig.
> Am Strande der See
> Einsam eine Hütte nur
> Im verglosenden Schein
> Der herbstlichen Dämmerung.

Das Haus selber war so zerbrechlich gebaut, daß es sowohl den Unbestand wie die Leerheit der Dinge zu Gemüt führte. In seinem Grundriß gab es weder Starrheit noch Symmetrie der Formen; denn für Zen war Symmetrie unnatürlich und tot, zu vollkommen, um für Wachstum und Wechsel Raum zu lassen. Und wesentlich war, daß das Teehaus mit seiner Umgebung in Einklang stehen, daß es so natürlich sein sollte wie Bäume und unbehauene Felsen. Der Eingang pflegte so niedrig zu sein, daß alle Eintretenden sich in Demut beugen und die

Samurai ihre langen Schwerter draußen ablegen mußten. Im Teehaus selber herrschte die gleiche Atmosphäre von Ruhe und Abgeschiedenheit. Es gab da keine lauten Farben – nur das stumpfe Gelb der Strohmatten und das matte Grau der Papierwände, wogegen in der Bildnische *(tokonoma)* ein Meisterwerk der Sumiye- oder Kano-Malerei hing oder allenfalls eine kostbare Kalligraphieprobe in Schwarz-Weiß. Vor dem Bilde stand bloß ein einsamer Zweig mit Blüten oder farbigen Blättern, den eine in der Kunst des Blumenstellens geübte Hand mit unendlicher Sorgfalt hergerichtet hatte. Waren alle Teilnehmer versammelt, so trat der Wirt mit den Zeremonialgeräten in den Raum. Etliche davon waren erlesene Kunstgegenstände, die man herumzureichen pflegte, damit die Gesellschaft sie bewundern konnte. Und mittlerweile wurde der Teekessel über glühenden Holzkohlen zum Sieden gebracht. Ins Innere des Kessels legte man ein paar Metallstücke, so daß beim Kochen ein musikalischer Klang erzeugt wurde, den Kobori Enshiu «dem Sausen der Föhren auf einem fernen Hügel» verglich oder «dem Rauschen eines von Wolken umhüllten Wasserfalls». Die Tassen, worin der Tee serviert wurde, waren aufs allersorgfältigste geformt, obschon sie von rohester Arbeit erschienen; denn das Schönheitsideal des Zen begünstigt ein grobes dickes Porzellan von einer Farbe, welche den Tönungen herbstlicher Blätter gleicht, vor der «eischalendünnen», mit Blumen und Vögeln geschmückten Chinaware, die von den Sammlern im Westen so sehr geschätzt wird. Bestand doch der Zweck der Teezeremonie darin, von den einfachsten Materialien den höchstmöglichen Gebrauch zu machen. Es war die Ehrfurcht des Zenmönchs vor den gemeinen Dingen des Alltags, die hier ihre äußerste Steigerung erfuhr. Man erwartete also von den Teilnehmern der Zeremonie, daß sie nicht den stofflichen Wert der Materialien würdigten, sondern die Sorgfalt und künstlerische Vollendung, womit diese verarbeitet und zusammengestellt waren. Weil die Zeremonie mehr in einer inneren Haltung beschlossen lag als in den verwendeten Geräten, konnte der größte von all ihren Meistern, Sen no Rikyu, sagen: «Wenn wir nichts als einen Kessel haben, so können wir die Teezeremonie feiern. Doch gibt es Leute, die jeweils auf die regelrechten Geräte dringen, was eine Torheit ist.»

In der Teezeremonie zeigt sich uns Zen von seiner friedvollsten Seite, als die höchste geistige Freiheit und Losgelöstheit, als ein unbedingtes Genügen an der natürlichen Fülle der Dinge. Sie war ein Ausdruck der Armut, der Trennung von irdischem Besitz, und ihre obersten Grundsätze waren: Ein Betonen der Vergänglichkeit der gegenständlichen Welt, eine tiefe Liebe zur Natur, ihrem endlosen Wechsel, ihrer grenzenlosen Mannigfaltigkeit, die jede Wiederholung, jede Symmetrie ausschließt, und endlich eine unaussagbare Qualität, genannt *Yugen*, welche Mr. Waley folgendermaßen umschreibt: «Das Zarte als Gegensatz zum Handgreiflichen; der Hinweis als Gegensatz zur Erklärung.» Gleich wie das Koan eine religiöse, so war Yugen eine künstlerische Devise: Eine Methode, Wahrheiten zu beweisen nicht durch Beschreibung, sondern durch Wink und Hinweis, so daß die Leute dazu gebracht wurden, selbst unmittelbaren Kontakt mit dem

Leben zu finden, statt sich an das zu halten, was andere darüber aussagten. Somit war Yugen recht eigentlich «das Schweigen» der Sung- und Sumiye-Malereien – ein Weg um darzutun, Leben lasse sich mit dem Malerpinsel niemals festhalten oder restlos offenbaren, und es gebe etwas Ungreifbares, ewig Ausweichendes, auf welches der Maler durch die leiseste Andeutung, den Rest unberührt lassend, uns aufmerksam macht. Ein japanischer Dichter hat gesagt, das Mittel, Yugen zu ergründen, herauszufinden was unter der Oberfläche liege, sei: «Der Sonne nachzublicken, wenn sie hinter einen Blumenhügel sinkt; in einem ungeheuren Wald, ohne Gedanken an Umkehr, fort und fort zu wandern; am Ufer stehend auf ein Boot zu starren, das hinter fernen Inseln sich verliert; zu sinnen über den Wanderflug der wilden Gänse, deren Bild man zwischen den Wolken verlor.» Irgendwie scheinen diese Worte die ganze Stimmung der Teezeremonie zu enthalten; denn die darin ausgedrückten Gefühle liegen der Ästhetik Chinas und Japans, wie sie von Zen beeinflußt war, zugrunde. Ihnen eignet jene ungewöhnliche, uns nicht loslassende Schönheit, jene Atmosphäre völliger Freiheit von Sorge, die den Teekult in ganz Japan zur anerkannt vornehmsten Einrichtung machte, der Seele Ruhe und Frieden und dem Geiste Erfrischung und Einsicht zu bringen.

Allein, das Schönheitsideal des Zen mag gar leicht in Gefühlsschwelgerei ausarten, zumal wenn der geruhsame Aspekt ohne den «dynamischen» genommen wird, dessen Ausdruck die kriegerischen Künste sind. Die Gefahr liegt darin, daß man Yugen als Zweck an sich betrachtet, statt als das Mittel, ein tieferes Geheimnis zu entdecken. Die künstlerische Technik des Zen ist ebenso wenig die wesentliche Wirklichkeit wie seine religiöse Technik des Koan, der Backenstreiche und schroffen Bemerkungen. Manche Verfasser haben in sentimentaler Weise das «einfache Leben» der Zenmönche gepriesen, seinen Geschmack an schmucklosen, unaufdringlichen, die Phantasie beflügelnden Dingen. Doch dies heißt, ein Leben nur von außen sehen. Kein Verständnis des Zen ließe sich aus der Teezeremonie gewinnen, wenn sie nicht von der Arbeit im Kloster begleitet wäre. Denn die Meister, die ihre Schüler zu ohrfeigen pflegten, um ihnen den Kopf zurechtzusetzen, und die das Leben «im Schoße der Natur» nicht bloß bei angenehmer Wärme praktizierten, sondern auch in Frost, Nässe und Sturm, sie hatten nichts Sentimentales an sich. Der «gefühlvolle» Liebhaber der Natur sieht von deren Angesicht nur eine Seite. Wenn es draußen schüttet, geht er in die gute Stube oder spannt den Schirm auf und schwärmt davon, wie lieblich der Regen in den Bäumen rausche. Er läßt sich ihn nicht den bloßen Nacken herabrinnen.

Falls jemand das Zen der Gefühlsduselei verdächtigen sollte, so wird sein Argwohn durch einen Blick auf das Leben der Samurai rasch gestillt werden. In scharfem Gegensatz zum friedvollen Teekult wird Zen voller Leidenschaft und Sturm, wenn es sich in *Ju-jutsu* und *Kenjutsu* kundgibt, obschon auch dort unter der Oberfläche eine Ruhe bleibt, die freilich mehr der Unerschütterlichkeit eines mächtigen Felsblockes gleicht als dichterischer Gelöstheit. Ju-jutsu oder *Judo* bedeutet wörtlich «die sanfte Kunst», und während Ju-jutsu ausdrücklich die Technik des Greifens, Umschlingens und Niederwerfens ist, bezeichnet Judo eher die Philosophie, worauf sich diese Technik gründet. Und der selbe Unterschied gilt für Kenjutsu und Kendo. Ju-jutsu ist eine Methode der Selbstverteidigung ohne Waffen, beruhend auf dem Grundsatz, den Gegner dadurch zu fällen, daß man ihm nachgibt und sich dessen eigene Kraft zunutze macht. Sein Ursprung muß in der Philosophie des Wu-wei gesucht werden; und nach einer Sage kam man zuerst darauf durch Beobachtung der schneebeladenen Baumäste. Auf den Ästen unnachgiebiger und starrer Bäume häuft sich der Schnee, bis sie unter seiner Bürde krachen, wogegen ein dünner und federnder Ast einfach nachgibt und die Last zur Erde fallen läßt, ohne daß er bricht oder sich verbiegt.

Deshalb sagt Lao Tse:

«Der Mensch ist bei seiner Geburt zart und schwach; bei seinem Tod ist er fest und stark – somit sind Festigkeit und Stärke Merkmale des Todes; Zartheit und Schwäche Merkmale des Lebens.»

Ju-jutsu beruht auf den beiden Grundsätzen von Wu-wei und dem «Grade-Fortschreiten» oder der Unmittelbarkeit von Angriff und Abwehr. Wu-wei, in seiner Anwendung auf Ju-jutsu, mag erläutert werden am Gleichnis einer Holzstange, die sich um ihren zentralen Schwerpunkt dreht[1]. Trifft man sie mit einem Schlag links oder rechts von der Mitte, so schwingt sie sich weg, und die einzige Möglichkeit, sie aus dem Gleichgewicht zu werfen, besteht darin, daß man sie genau im Zentrum trifft.

[1] Gemeint ist: sich horizontal dreht (Anm. d. Übers.).

Nun aber denke man sich eine Stange, die sich nach Belieben selber bewegen kann und somit fähig ist, ihr Zentrum aus der Zielrichtung einer herankommenden Kraft zu verlegen. Wie oft wir nach ihr schlagen mögen, sie wird ihre Mitte jedesmal aus unserer Angriffslinie bringen und so ihre Schwäche zur Stärke machen. Im Falle des menschlichen Körpers liegt der zentrale Schwerpunkt bei der Magengrube. Jeder Angriff auf diese Stelle wird dadurch vereitelt, daß man sich vor ihm wegbiegt. Einem Angriff auf die Seite dagegen wird ausgewichen, indem wir leicht aus der Zielrichtung treten und uns derart um unsern Angelpunkt drehn, daß der Schlag an uns vorbeifährt. Der menschliche Körper unterscheidet sich von der Stange insoweit, als er mit einem Ende auf dem Boden stehen muß. Deswegen ist hier ein Angriff auf eine Stelle unterhalb des Schwerpunktes immer erfolgreich, wenn beide Füße nicht fest auf dem Boden stehen, und die Magengrube, die sie stützen, nicht genau über ihnen liegt, weder zu weit vorne noch zu weit hinten. In dieser Haltung sind die Beine in den Knien leicht gebeugt, um ein gewisses Maß von Nachgeben zu ermöglichen. Jeder Ju-jutsu-Kundige wird diese Stellung so lange wie möglich innehalten, indem er mit beiden Füßen stets gleichmäßig beiseite rückt (genau unter den Schultern) und sie nie höher als den Bruchteil eines Zolls vom Boden hebt. – Der Angriff in Ju-jutsu wird bewerkstelligt, indem man den Gegner so lange herummanövriert, bis sein Gleichgewicht unstet wird. Dies kann auf zwei Arten geschehen. Entweder tut er einen falschen Schritt, so daß sein Körper nicht gleichmäßig durch die Füße gestützt wird, und in diesem Falle läßt er sich durch einen kräftigen Seitenschlag auf einen der Knöchel leicht zu Boden werfen. Oder er bringt sich durch einen Angriff selber aus dem Gleichgewicht, und diesfalls schwingt sich der Verteidiger um den eigenen Schwerpunkt weg und bewirkt, daß die Kraft des Angriffs, weil sie keinen Widerstand findet, sich überwirft. Alsdann wird durch ein Ziehen des angreifenden Gliedes in der Richtung, nach der es zielte, oder durch einen Stoß auf einen Körperteil, der, vom Schwerpunkt aus, dem angreifenden Gliede gegenüber liegt, der Angreifer so ohnmächtig gemacht wie ein hinstürzender Baum.

Je mehr Kraft also jemand aufwendet beim Versuch, einen Ju-jutsu-Kundigen zu überwältigen, desto wahrscheinlicher kommt er selber zu Schaden. Es ist, wie wenn man sich mit ganzem Gewicht gegen eine Tür mit schwachem Riegel wirft: Sie fliegt einfach auf und läßt einen zu Boden stürzen. Auf eben diese Weise ist der Ju-jutsu-Kämpfer wie das Leben selber. Versuch ihn zu fassen oder zu fällen, daß er keine Macht mehr über dich habe, und er ist nicht länger da. Je mehr du dich mühst, je heftiger deine Hiebe sind, desto behender entwischt er; denn sein Gewicht ist so verteilt, daß du ihn tatsächlich durch deine eigene Kraft wegstoßest.

Wir kommen nun zum zweiten Prinzip – der Unmittelbarkeit von Angriff und Abwehr – und finden, daß es in Ju-jutsu keinen Erfolg geben kann, wenn zwischen diesen zwei Bewegungen nur die geringste Pause liegt. Sobald einer den Bruchteil einer Sekunde zaudert, um einen Gegenzug auszudenken, läßt er dem Partner Zeit, sein

Gleichgewicht wiederzufinden; denn nur indem man seinem Angriff, während er ihn macht, richtig ausweicht, kommt er zu Fall. Wird zu spät ausgewichen, so findet der Gegner Widerstand genug, zu verhüten, daß sein Angriff sich selbst überwerfe, und sobald er etwas findet, *wogegen* er kämpfen kann, hat er Aussicht auf Erfolg. Der Witz bei Ju-jutsu ist, daß überhaupt nichts da sei, gegen das sich kämpfen läßt. Der darin Erfahrene muß so ungreifbar sein wie die Wahrheit des Zen. Er muß sich selber zum Koan machen – einem Rätsel, das uns entschlüpft, je eifriger wir es lösen möchten. Er muß es dem Wasser nachtun, darin daß er denen, die ihn packen wollen, durch die Finger rinnt. Wasser zaudert nicht, bevor es nachgibt; denn im Augenblick, wo die Finger sich zu schließen beginnen, läuft es weg, nicht aus eigener Kraft, sondern dem auf es ausgeübten Druck zufolge. Deshalb regen sich in Ju-jutsu die beiden Kämpfer wie ein einziger Mann. Angriff und Abwehr sind *eine* Bewegung, und es gibt da keine Anspannung, keinen Widerstand und kein Zögern, bis mit plötzlichem dumpfem Krach einer der Männer wie von einer Riesenkraft zu Boden geschleudert wird. Er hat einen falschen Tritt getan und sein Partner hat ihn aus dem Gleichgewicht geworfen, so daß er mit der vollen Wucht seiner eigenen Schwere zu Boden schlägt, vielleicht mit einem zusätzlichen Stoß von hinten, der seinen Sturz beschleunigt.

Einigermaßen ähnliche Grundsätze kommen zur Anwendung im Kenjutsu – der Kunst des Fechtens, mit einer Ersatzklinge aus Bambus für das lange zweihändige Schwert der Samurai, dessen einzige Schneide so scharf ist, daß sie eines Mannes Rumpf vom Schlüsselbein bis zur Mitte seiner Brust zu spalten vermag. Wuwei ist hier nicht so augenscheinlich wie in Ju-jutsu, obwohl Unmittelbarkeit von Angriff und Abwehr wiederum ein Prinzip von größter Wichtigkeit bleibt. Wie dort, so wird auch hier die Magengrube zum Zentrum der Bewegung gemacht, und die Hiebe werden nicht so sehr mit den Armen geführt wie aus diesem zentralen Schwerpunkt heraus, der die Arme als seine Hebel gebraucht. Deshalb sind die Arme, bei einem Hieb nach des Gegners Scheitel, im Moment des Aufschlags steif und starr, die Kraft wird aus einem plötzlichen Vorwärtsschnellen des ganzen Körpers gezogen. Während dieser Bewegung und bis zum Ende des Kampfes muß der Fechter gleichsam von der Magengrube her agieren und sie als festen Angelpunkt benutzen, um den sich der übrige Leib nach jeweiligem Bedarf augenblicklich rechts- oder linkshin schwingen läßt. Hier haben wir abermals die Idee des reglosen Zentrums inmitten blitzartiger Bewegung. Durch alle flinken Hiebe und Paraden muß der Gleichgewichtspunkt so unbewegt wie möglich bleiben. Es gibt keine heftigen Sprünge von einer Seite zur andern, auch kein Vor- und Rückwärtsrennen; denn Kenjutsu läßt keine Kraftvergeudung zu. Darum bleibt der Energiequell und das Aktionszentrum in Ruhe, bis der Augenblick für den tödlichen Schlag gekommen ist, dann saust die Klinge herab mit furchtbarem Schwung, der in ein schnelles, kräftiges Vorschießen des Zentrums ausläuft, dazu ertönt ein schrecklicher Schrei, gerade so als ob die Luft aus der Tiefe des Magens gewaltsam heraufgepreßt würde.

Die gedankliche Einstellung des Fechters muß von der Art sein, die man unter dem Namen *Muga* kennt – das heißt ein Fehlen des Gefühls «Ich tue es». Dies Gefühl gilt als großes Hindernis, da gerade wie beim Anhören von Musik die Vorstellung, daß man selber lausche bzw. fechte, die Aufmerksamkeit von den Klängen bzw. den wirklichen Bewegungen der Schwerter ablenkt. Das Ichbewußtsein ist der Konzentration auf den eingegangenen Kampf unterzuordnen, und der innere Sinn muß den Bewegungen des Gegners so fugenlos folgen, so blitzschnell auf sie eingehen, daß die Zweiheit von Angriff und Abwehr wiederum zur Einheit wird. Diese Gemütshaltung war das Kernstück von *Bushido* – dem «Weg des Kriegers». Im Japan der Ritterzeit waren Fehden zwischen rivalisierenden Lehensherren *(daimyo)* an der Tagesordnung, und Krieger schwebten in ständiger Lebensgefahr. Die «Geradheit» des Zen bewahrte ihnen den innern Halt, und häufig pflegten die Samurai Besuche bei den Zenmeistern zu machen, um Kraft zu schöpfen aus der Religion des «Gradausschreitens ohne Rückwärtsblicken», aus ihrer Lehre, daß Leben und Tod nur zwei Seiten derselben Existenz sind, und aus ihrer Anweisung, wie man das Ich in seiner Einheit mit dem Leben vergessen müsse. Bushido verlangte vom Ritter unzweifelhafte Treue zu seinem Herrn und Meister, grossen körperlichen Mut und Seelenstärke, vor allem aber eben jene Muga-Gesinnung, die im sogenannten Glaubensbekenntnis der Samurai folgendermaßen formuliert wurde:

Ich habe keine Eltern – ich mache mir Himmel und Erde
zu Eltern.
Ich habe keine göttliche Macht – ich mache mir
Unbescholtenheit zur Macht.
Ich habe kein Vermögen – ich mache mir Selbstverleugnung
zum Vermögen.
Ich habe keine magische Kraft – ich mache mir innere Festigkeit
zur Magie.
Ich habe weder Leben noch Tod – ich mache mir das Ewige
zum Leben und Tod.
Ich habe keinen Körper – ich mache mir Standhaftigkeit
zum Körper.
Ich habe keine Augen – ich mache mir den Blitzstrahl
zu Augen.
Ich habe keine Ohren – ich mache mir Feinfühligkeit
zu Ohren.
Ich habe keine Glieder – ich mache mir Schlagfertigkeit
zu Gliedern.
Ich habe keinen Plan – ich mache mir die Gunst des
Augenblicks zum Plane.
Ich habe keine Wunder – ich mache mir das Gesetz (dharma)
zum Wunder.
Ich habe keine Grundsätze – ich mache mir Anpassung
an alle Dinge zum Grundsatz.
Ich habe keine Freunde – ich mache mir mein Gemüt
zum Freunde.
Ich habe keinen Feind – ich mache mir Unvorsichtigkeit
zum Feinde.
Ich habe keinen Harnisch – ich mache mir Wohlwollen und
Redlichkeit zum Harnisch.
Ich habe keine Burg – ich mache mir unerschütterlichen Sinn
zur Burg.
Ich habe kein Schwert – ich mache mir den «Schlaf des
Denkens» zum Schwerte.

SCHLUSSBETRACHTUNG

Die Geschichte des Zen und seines formenden Einflusses auf die gesamte Kultur Fernosts würde einen besonderen Band erfordern. Die Absicht des vorliegenden Buches war lediglich, einen Schlüssel zum Geist des Zen zu liefern und ein paar Wege zu skizzieren, auf denen es in Gedanken und Tat umgesetzt wurde. Wer über Zen schreibt, hat zwei Extreme zu meiden: Er soll weder so wenig definieren und erklären, daß der Leser völlig vor den Kopf geschlagen ist, noch soll er so viel definieren und erklären, daß der Leser meint, er wisse nun, was Zen sei. Immer wieder haben wir betont, Zen bedeute unmittelbaren Kontakt mit dem Leben, eine Verbindung von Ich und Leben zu so nahtloser Einheit, so straffem Rhythmus, daß der Unterschied zwischen den zweien vergessen wird, daß der Wunsch nach Besitz erlischt, weil nichts mehr da ist, was besitzen oder besessen werden kann. Das Ich begehrt nicht länger, aus seiner Selbstabsonderung heraus die Dinge zu ergreifen, die im Strom des Geschehens vorüberfließen, denn es zieht mit dem Strome fort und wird eins mit ihm, wobei es erkennt, daß alle Dinge nur Wellen dieser Strömung sind und jeder Versuch, sie festzuhalten, sie zum Verschwinden bringt. Darnach möchte es scheinen, Zen lasse sich definieren als die Einheit von Mensch und Universum, als der Rhythmus des Denkens in seinen wechselnden Formen, als ein Zustand von Einssein, worin alle Unterschiede von Ich und Nicht-Ich, Erkenner und Erkanntem, Seher und Gesehenem aufgehoben sind. Und doch sagte Meister Tao-wu: «Sogar Einssein, wenn man daran festhält, bleibt noch weit ab vom Ziel.»

Denn die Wahrheit ist, daß im Zen, wie im Leben, es überhaupt nichts gibt, was man festhalten und wovon man sagen kann: «Das ist es, nun hab ich's.» Deswegen gleicht ein Buch über Zen einer geheimnisvollen Geschichte, der das Schlußkapitel fehlt. Immer bleibt etwas, das sich begrifflicher Festlegung entzieht, das sich in Worten niemals ausdrücken läßt; und wie eifrig wir auch versuchen mögen, es einzuholen, immer ist es uns um Schrittlänge voraus. Und dies eben darum, weil begriffliche Festlegung und Beschreibung tot sind, die Wahrheit des Zen aber sich ebenso wenig töten läßt wie der vielköpfige Drache der alten Sage, dem immer neue Häupter wuchsen, sobald ihm eines abgehauen wurde. Denn Zen ist Leben. Zen nachjagen ist wie dem eigenen Schatten nachjagen, wobei man der Sonne ständig den Rücken kehrt. Wenn man endlich begreift, daß der Schatten sich niemals haschen läßt, kommt es zu einer plötzlichen «Umkehr», einem Satoriblitz, und im Licht der Sonne schwindet dann die Zweiheit von Ich und Schatten, wobei der Mensch gewahr wird, daß, was er erjagen wollte, nur das Scheinbild des einen wahren Selbst war – dessen, was er allezeit war, ist und sein wird. Endlich hat er doch Erleuchtung gefunden.

ANHANG I

Literatur-Verzeichnis

a) Ausschließlich dem Zen gewidmete Werke

Von Professor Daisetz Teitaro Suzuki:

Essays in Zen Buddhism. 3 vols. Luzac & Co., in conjunction with the Eastern Buddhist Society, Kyoto 1927, 1933, and 1934. Illustrated. (The standard work of reference.)

The Training of the Zen Buddhist Monk. The Eastern Buddhist Society, Kyoto 1934. Illustrated by Zenchu Sato.

An Introduction to Zen Buddhism. The Eastern Buddhist Society Kyoto 1934. (Articles originally written for the *New East.*)

Manual of Zen Buddhism. The Eastern Buddhist Society, Kyoto 1935. Illustrated. (Selections from Zen literature.)

Die große Befreiung. Übertragung von «An Introduction to Zen Buddhism». Leipzig 1939.

Zen und die Kultur Japans. Übertragung von «Zen Buddhism and its Influence on Japanese Culture». Stuttgart 1941.

Living by Zen. New York 1950.

Leben aus Zen. Übertragung von «Living by Zen». München-Planegg 1955.

Studies in Zen. Ryder, London 1955.

Von andern Autoren:

The Religion of the Samurai. By Kaiten Nukariya. Luzac & Co., London 1913.

Zen, der lebendige Buddhismus in Japan. Ohasama & Faust. Einleitung von Rudolf Otto. Gotha 1925. (Übertragungen Zenistischer Originaltexte.)

Sutra Spoken by the Sixth Patriarch, Wei Lang (Hui Neng). Translated by Wong Mow Lam. Yu Ching Press, Shanghai 1930.

A Buddhist Bible. The favourite scriptures of the Zen Sect, compiled, with an Introduction, by Dwight Goddard. Published by the compiler, Thetford, Vermont, U.S.A. 1932.

A Guide to Zen Practice. A Translation of the *Mu-mon-kan* by Sohaku Ogata. Bukkasha, Kyoto 1934.

The Spirit of Zen. By Alan W. Watts, London 1936 (reprinted 1948).

Das Wu-men-kuan oder der Paß ohne Tor. Von Heinrich Dumoulin. Monumenta Serica VIII (1943), pp. 41-102.
Bodhidharma und die Anfänge des Ch'an-Buddhismus. Von Heinrich Dumoulin. Monumenta Serica X (1945), pp. 228-238.
Zen Buddhism. By Christmas Humphreys. London 1949.
Zen Buddhismus. Von Christmas Humphreys. Übertragung. München-Planegg 1951.
The Way of Liberation in Zen Buddhism. By Alan W. Watts. American Academy of Asian Studies, San Francisco 1955.

    b) Werke mit besonderem Bezug auf Zen:

The Sermons of a Buddhist Abbot. By Soyen Shaku. Open Court Co., Chicago 1906.
The Fighting Spirit of Japan. By E. J. Harrison. Fisher Unwin, London 1913.
The Book of Tea. By Okakura Kakuzo. Foulis, Edinburgh 1919.
The Flight of the Dragon. By Laurence Binyon. (Wisdom of the East Series.) John Murray, London 1922.
Die Ostasiatische Tuschmalerei. Ernst Grosse. Bruno Cassirer Verlag, Berlin 1923. (Wichtige Erwähnung des Zen-Einflusses auf chinesische und japanische Malerei.)
What is Buddhism? The Buddhist Lodge, London 1928.
The Cloud Men of Yamato. By E. V. Gatenby. (Wisdom of the East Series.) John Murray, London 1929. (Besondere Erwähnung des Zen-Einflusses auf Japans Dichtung und Bühnenkunst.)
Studies in the Lankavatara Sutra. By Professor D. T. Suzuki. Routledge, London 1930.
Les Sectes bouddhiques japonaises. Steinilber-Oberlin et Kuni Matsuo. Editions G. Crès et Cie, Paris 1930.
The Buddha's Golden Path. By Dwight Goddard. Luzac & Co., London 1930.
History of Japanese Religion. By Masaharu Anesaki. Kegan Paul, London 1930.
The Story of Oriental Philosophy. By L. Adams Beck. Cosmopolitan, New York 1931.
Nogaku, Japanese No Plays. By Beatrice Lane Suzuki. (Wisdom of the East Series.) John Murray, London 1932.
The Garden of Vision. By L. Adams Beck. Ernest Benn, London 1933. (A novel.)
Concentration and Meditation. The Buddhist Lodge, London 1935.

ANHANG II
Verzeichnis und Erklärung einiger Sanskrit- und anderer Begriffe

Avidya: Nichtwissen oder Selbsttäuschung; Glaube an die Zweiheit von «Ich» und äußerer Welt, im Unterschied zu der Vorstellung, daß die beiden lediglich Aspekte derselben «Buddhanatur» sind, welche das *eine*, wahre Selbst ist.

Bodhi: Erleuchtung, das Gegenteil von Avidya.

Dharma: Ein Wort mit mancherlei Bedeutungsschattierungen. Am nächsten kommt ihm «Gesetz». Und die drei wichtigsten Bedeutungen sind: 1. Das Grundgesetz, auf dem alle Lebensvorgänge beruhen; die Art, wie die Kräfte des Universums arbeiten. 2. Das Gesetz, die Lehre Buddhas. 3. In Anwendung auf ein einzelnes Ding: das Gesetz seines Wesens, seiner Funktion.

Karma: Seine wörtliche Bedeutung ist «Tun», «Handeln», und von daher bedeutet es das Gesetz, dem das Tun unterliegt, nämlich den Zusammenhang von Ursache und Wirkung. Karma bedeutet nicht «Schicksal», außer in dem Sinne, daß der Mensch sich der Wirkung seiner eigenen Taten nicht entziehen kann, obschon er, was die Taten selber betrifft, frei ist zu wählen. Eines Menschen Karma ist somit das Schicksal, das ihm als Folge seines eigenen Tuns zufällt oder, mit andern Worten, die Umstände, in denen er lebt.

Nirvana: Befreiung von Samsara. Die geistige Freiheit, gewonnen durch die Vorstellung der eigenen Identität mit der «Buddhanatur», befähigt einen, frei von Karma zu sein; denn die «Buddhanatur» kann nicht durch irgendeine Art von Tätigkeit bedingt sein. Diese Freiheit von Karma erlaubt ihm, in die ewige Ruhe einzugehen; denn die Folgen seines Tuns sind nicht länger imstande, ihn in die Welt zurückzuziehen (siehe «Wiedergeburt»).

Wiedergeburt: Die Ergänzung zu Karma. Die Lehre, daß jeder Mensch wieder und wieder auf die Welt kommen muß, die Folgen seines Tuns zu ernten, oder vielmehr, daß der Mensch durch sein Tun in diesem Leben eine neue Persönlichkeit für sich erschafft, damit die Folgen seines Tuns in einem künftigen Leben sich auswirken können.

sara: Der Wechsel von Geburt und Tod, bisweilen genannt «Das Rad von Geburt und Tod». Dies wird erläutert mit Bezugnahme auf die andern wechselnden Lebensvorgänge: Tag und Nacht, Wachen und Schlafen, Wechsel von Sommer und Winter usw. Der Tod ist bloß eine Ruhepause im Leben des Menschen, und er kommt, wann und weil sein stofflicher Leib abgenutzt ist. Doch solche Abnutzung bedeutet nicht das Ende seines Lebens überhaupt, und neue Körper werden erschaffen, damit er sein Karma weiterhin auswirken kann.

Shunyata: Die Leerheit aller Einzeldinge als solcher. Das einzig bleibende Prinzip im Leben ist die «Buddhanatur», die sich in gesonderten Formen manifestiert. Diese Formen haben keinerlei Dauer oder Wirklichkeit als Formen, sondern bloß als «Buddhanatur». Aus diesem Grunde erklärt sie die Mahayanaphilosophie für leer.

Yoga: Wörtlich ein Joch oder ein Training. Die Versenkungstechnik, mittels derer der Mensch sich mit der letzten Wirklichkeit des Universums vereinigt. Es gibt vier Arten von Yoga: sie stellen die vier Wege dar, die zu dieser Einung führen: Jnana, der Weg der Erkenntnis, Karma, der Weg des Handelns, Bhakti, der Weg der Liebe, und Raja, der Königsweg, der eine Synthese der drei andern ist. Ein fünfter und entarteter Yogatyp ist Hatha, aus komplizierten körperlichen und seelischen Übungen bestehend – eine geistige Sackgasse, die, wenn ohne äußerste Vorsicht beschritten, zu gefährlichen Folgen führen kann.

Aus Unserem Programm

DAO DSI – DER LEBENDE BUDDHA
Abenteuer eines Zen-Meisters
167 Seiten, illustriert
broschiert, 18.–

Howard Fast
DIE KUNST DER ZEN-MEDITATION
48 Seiten, 23 Fotos
broschiert, 7.80

Rudolf Gelpke
EWIGES MORGENLAND
Nachdichtungen orientalischer
Poesie und Prosa aus arabischen
und persischen Originaltexten
144 Seiten, illustriert
gebunden, 26.–

Alan Watts
DIES IST ES
Und andere Essays über Zen
und Spirituelle Erfahrungen
144 Seiten
broschiert, 22.–

SPHINX VERLAG BASEL